Schwedenkräuter

Martina Seifen

● ●

Schwedenkräuter

Der Naturcocktail für Magen, Darm
und allgemeines Wohlbefinden

Econ & List Taschenbuch Verlag

Veröffentlicht im Econ & List Taschenbuch Verlag 1998

Der Econ & List Taschenbuch Verlag
ist ein Unternehmen der Econ & List Verlagsgesellschaft, München

Originalausgabe

© 1998 by Econ Verlag München – Düsseldorf GmbH

Umschlagkonzept: Büro Meyer & Schmidt, München – Jorge Schmidt
Titelkonzept und Umschlaggestaltung: Petra Soeltzer, Düsseldorf
Titelabbildung: ZEFA/Reinhard
Die Ratschläge in diesem Buch sind von Autorin und Verlag sorgfältig er-
wogen und geprüft; dennoch kann eine Garantie nicht übernommen werden. Eine Haftung der Autorin bzw. des Verlages und seiner Beauftragten
für Personen-, Sach- und Vermögensschäden ist ausgeschlossen.

Satz: Econ & List Taschenbuch Verlag
Druck und Bindearbeiten: Ebner Ulm
Printed in Germany
ISBN 3-612-20625-7

Für meine beiden Lieben:
Claudia & Hussein

*»Jede Krankheit ist zweifach: körperlich und geistig.
Also soll auch der Arzt eine zweifache Arznei finden:
eine für das Körperliche und eine für das Geistige.«*

Philippus Aureolus Paracelsus von Hohenheim
(1493–1541)

Inhalt

Zum Geleit

●●●●●●●●●●●●●●●●●●●●●●

Bis zu meinem vierzigsten Lebensjahr hatte ich noch nie etwas von Schwedenkräutern gehört. Heute bin ich sechzig, und ich kann sagen: Es sind die Schwedenkräuter, die in den letzten zwanzig Jahren mein Leben von Grund auf verändert und geprägt haben.

Angefangen hat alles Ende 1979. Als Diplomingenieur für Bauwesen und Sachverständiger für Baumaschinen der Industrie- und Handelskammer Aachen war ich damals als Verkaufsingenieur bei einer Fertigteilfirma angestellt. Seit zwanzig Jahren mit Leib und Seele dabei, hatte ich gute Chancen, eines Tages das Geschäft zu übernehmen, denn der Inhaber wollte sich bald zurückziehen und mir die Nachfolge anvertrauen. Wir hatten in den letzten drei Jahren öfters darüber gesprochen, und ich freute mich darauf, eines Tages Chef der Firma zu sein. Doch dann kam alles ganz anders: Plötzlich wurde der Sohn des Besitzers, von dem bis dahin nie die Rede gewesen war, zum Juniorchef der Firma ernannt. Der Alte war offensichtlich nicht ehrlich zu mir gewesen. Ich war darüber so wütend und auch verletzt, daß ich fristlos kündigte.

Ich erinnere mich noch gut: Meine Frau war sehr unglücklich, als sie von meiner Entscheidung erfuhr. Verständlicherweise, denn unsere Kinder waren damals noch klein: Unsere Tochter war erst drei Jahre, und unser Sohn war gerade mal zehn Jahre alt. Was sollte nun aus uns werden? Ich wußte es selber nicht, immerhin bekam ich als langjähriger Firmenangestellter ein paar Monatsgehälter als Abfindung ausbezahlt. Das würde uns für eine Weile über Wasser halten.

In dieser Zeit kam ich erstmals in Kontakt mit Schwedenkräutern. Eine Freundin unseres Hauses schenkte mir zu Weihnachten 1979 eine Flasche selbstangesetzten Schwedenbitter – zur einen Hälfte war es ein Scherzgeschenk, zur anderen Hälfte war es ernst gemeint. Denn während meiner langjährigen Tätigkeit bei der Fertigteilfirma war ich viel im Außendienst beschäftigt, mußte Architekten bei ihren Baukonzepten für Schulen und Verwaltungsgebäude beraten. Und natürlich hatte ich Verdauungsschwierigkeiten, wie die meisten Menschen, die viel unterwegs sind und nicht regelmäßig zur Toilette können. Falsch konnte ich mit der Flasche Schwedenbitter ja nichts machen, also probierte ich das Zeug aus. Und es half. In den folgenden Monaten konnte ich damit nicht nur meine Verdauungsprobleme lösen, sondern auch meine bis dahin stets überhöhten Harnwerte normalisieren.

Und wie es oft im Leben so ist. Plötzlich hört man von Dingen, von denen man bis dahin nie etwas gehört hat, in gehäufter Form, so als wollte einem das Leben selbst neue Wege weisen. Jedenfalls bekam ich kurz nach meinem Austritt aus der Firma furchtbare Rückenschmerzen. Ich ging zum Orthopäden, und der verschrieb mir zwölf Massage-Behandlungen. Die haben nicht nur meinen Rücken kuriert, sondern auch meinem Leben eine völlig andere Richtung gegeben. Der Masseur war ein Mann, der sich in der alternativen Medizin und deren Heilmethoden auskannte. Wir kamen ins Gespräch. Ich erzählte ihm von meinen Schwedentropfen, und er erzählte mir im Gegenzug von einem Buch: »Gesundheit aus der Apotheke Gottes« lautete der Titel. Die Autorin hieß Maria Treben – ich sollte sie bald kennenlernen. Jedenfalls schwärmte mein Masseur von diesem Buch, das auf so einfache und doch klare Weise Kräuter und alte Hausrezepte für allerlei Gebrechen vorstellte. Ich wurde neugierig und bat den Masseur, mir das Buch zu leihen. In einer einzigen Nacht las ich es von der ersten bis zur letzten Seite. Ein Kapitel zog mich besonders in den Bann: Es war das Kapitel über Schwedenkräuter. Von schwedischen Erfindern, alten Geheimrezepturen und Wunderheilungen war hier die Rede. Meine Neugierde war geweckt. Ich wollte die Autorin kennenlernen. Zuerst versuchte ich es über den Verlag, aber der rückte die Adresse nicht heraus. Also tat ich etwas ganz Simples und hatte Erfolg damit: Ich rief die Auskunft an und fragte nach der Adresse von Maria Treben in Griesbach, Oberösterreich.

Frau Treben freute sich riesig über mein Interesse und lud mich zu sich nach Hause ein. Mit einem großen Blumenstrauß fuhr ich zu ihr nach Griesbach. Von nachmittags um eins bis nachts um eins haben wir nur geredet: über die Heileigenschaften von Schwedenkräutern, Ringelblumen-Salbe und Johanniskraut-Tee. Dann trafen wir eine Abmachung: Ich würde eine Heilmittelfirma aufbauen, und die nach Frau Trebens Rezepten angefertigten Elixiere, Tinkturen und Salben würde der Kunde bei mir kaufen können.

Das war Anfang 1980. Bis es dann wirklich soweit war, dauerte es allerdings noch rund zwei Jahre. In dieser Zeit war viel zu tun: Ich mußte mich mit Heilkräutern, Rezepten und deren kommerzieller Umsetzung in Form von Tees, Salben und Ölen auseinandersetzen. Außerdem machte ich in dieser Zeit eine für meinen neuen Beruf wichtige Ausbildung: als Sachkundeprüfer für freiverkäufliche Arzneimittel.

1982 kam Maria Treben zu mir nach Aachen und hielt vor circa tausend Zuhörern einen Vortrag über Heilpflanzen und natürliche Heilmethoden. Dieses Ereignis bedeutete für mein Geschäft den Durchbruch. Seit dieser Zeit gibt es die Firma »Ihrlich – Kräuter & Heilmittel, Körperpflege«, deren Umsatzzahlen stetig ansteigen. Allein die »Maria-Treben-Schwedenkräuter«, die ich als einziger in Deutschland vertreibe, machen fünfundsiebzig bis achtzig Prozent des Gesamtumsatzes aus. Wir führen die Schwedenkräuter in drei Versionen: als fertigen Kräuterbitter, als Kräutermischung zum Selberansetzen und als alkoholfreies Konzentrat für Kinder, Schwangere und Alkoholkranke. Nachdem Maria Trebens Buch in fast alle Sprachen der Welt übersetzt wurde, erreichen uns immer wieder neue Interessenten aus aller Welt. Wir versenden unsere Produkte national an Reformhäuser und Bioläden sowie unmittelbar an den Verbraucher im In- und Ausland – der am weitesten entfernte Kunde lebt in Singapur.

Heute, nach zwanzig Jahren Geschäftserfolg, bin ich überglücklich, daß das Schicksal damals etwas anderes mit mir vorhatte. Und ich freue mich, mit meinen Produkten vielen Menschen bei gesundheitlichen Problemen weiterhelfen zu können.

Hans-Josef Ihrlich

Einleitung

• •

In Urgroßmutters Hausapotheke nahmen Schwedenkräuter eine bevorzugte Stellung ein. Schwedenbitter war das Mittel, das in keinem Arzneischrank fehlen durfte: Er diente als Verdauungshilfe nach jedem allzu üppigen, schweren Essen und war das Allheilrezept gegen Wunden, Gicht, Rheuma, Rückenbeschwerden, Kopf- oder Zahnschmerzen.

Um die Entdeckung des Schwedenbitters rankt sich eine halb legendenhafte Geschichte. Mindestens zwei Ahnherren wird seine Erfindung zugeschrieben: dem schwedischen Arzt Dr. Urban Hjärne (1641–1724) und seinem Kollegen Dr. Samst, dessen genaue Lebensdaten leider nicht überliefert sind. Beide erreichten dank der fleißigen Anwendung der Schwedenkräuter ein für die damalige Zeit biblisches Alter: Hjärne starb mit 83 Jahren, er war dreimal verheiratet und hatte 26 Kinder. Samst wurde sogar 104 Jahre alt, er starb an den Folgen eines Reitunfalls. Beide studierten Medizin an der schwedischen Universität Uppsala, und alle zwei waren Anhänger des berühmten deutschen Arztes und Naturforschers Philippus Aureolus Paracelsus (1493–1541), der bereits im 16. Jahrhundert mit Heilkräutern vielen Kranken geholfen haben soll. Hjärne und Samst galten in ihrer Zeit als große medizinische Autoritäten. Urban Hjärne war sogar Leibarzt des schwedischen Königshauses. Kein Wunder, daß das Wissen über die Heilkräfte der

Pflanzen und Kräuter auch bald außerhalb der Grenzen Schwedens Verbreitung fand. Um so mehr, als man nach dem Tod von Dr. Samst in seinem Nachlaß bisher unveröffentlichte Schriften entdeckte, die sich wie ein Lauffeuer in den Praxen damaliger Naturärzte und bei ihren Patienten verbreiteten: Die bis dahin geheime Rezeptur der Schwedenkräuter und eine »Alte Handschrift«, die in 46 Punkten die Heilkraft dieser Kräuter erläuterte, hat in unserer Zeit vor allem durch die Heilerin Maria Treben (1908–1991) eine Renaissance erfahren. Mit der schwedischen Original-Rezeptur kurierte die populäre Oberösterreicherin aus Grieskirchen viele Leidende und Kranke.

Die »Alte Handschrift«

. . . .

Abhandlung über die Heilkraft der Schwedenkräuter

1. Wenn man öfters daran riecht oder schnupft, den Kopfwirbel befeuchtet, einen feuchten Lappen auf den Kopf legt, vertreiben sie **Schmerz und Schwindel**, stärken das **Gedächtnis** und das Gehirn.

2. Sie helfen gegen trübe Augen, nehmen Röte und alle Schmerzen, selbst wenn die **Augen entzündet**, trüb und verschwommen sind. Sie vertreiben auch die **Flecken** und den **Grauen Star**, wenn man zeitgerecht die Augenwinkel befeuchtet oder einen feuchten Lappen auf die geschlossenen Augen legt.

3. **Pocken und Ausschläge** aller Art, auch **Krusten** in der Nase oder wo immer am Körper werden geheilt, wenn man oft und gut befeuchtet.

4. Bei **Zahnschmerzen** gibt man in etwas Wasser einen Eßlöffel voll dieser Tropfen und behalte einige Zeit diese Flüssigkeit im Mund, oder man befeuchte den schmerzenden Zahn mit einem Lappen. Der Schmerz verschwindet und die Fäulnis klingt ab.

5. **Blasen an der Zunge** oder sonstige Schäden werden mit den Tropfen fleißig befeuchtet, wodurch die Heilung in kurzer Zeit eintritt.

6. Wenn der **Hals erhitzt oder wund** ist, so daß man Speis und Trank schwer schlucken kann, so nehme man morgens, mittags und abends von den Tropfen, lasse sie langsam hinab, und sie nehmen die Hitze und heilen den Schlund.

7. Hat man **Magenkrämpfe**, so nehme man bei einem An-
fall einen Eßlöffel voll.

8. Bei **Koliken** nehme man drei Eßlöffel voll ein, langsam
nacheinander, man wird bald die Linderung verspüren.

9. Sie zerteilen im Leib die **Winde** und kühlen die Leber, vertreiben alle **Magenleiden** und die der Eingeweide und helfen bei **Stuhlverstopfung**.

10. Sie sind auch ein vortreffliches Mittel für den **Magen**,
wenn er schlecht verdaut und die Speisen nicht behält.

11. Ebenso helfen sie bei **Gallenschmerzen**. Täglich früh und
abends einen Eßlöffel voll und bei Nacht Umschläge mit
den Tropfen, werden alle Schmerzen bald vergehen.

12. Bei **Wassersucht** nehme man sechs Wochen hindurch
früh und abends einen Eßlöffel voll in weißem Wein.

13. Bei **Ohrenschmerzen und Ohrensausen** befeuchte man
ein Bäuschchen und stecke es ins Ohr. Es hilft sehr gut und
bringt selbst das **verlorene Gehör** wieder.

14. Wenn eine Frau **Mutterschmerzen** hat, so gebe man ihr
drei Tage hindurch früh einen Eßlöffel voll in rotem Wein,
lasse sie nach einer halben Stunde einen Spaziergang machen, dann kann sie frühstücken, jedoch keine Milch. Auf
Milch sollen die Tropfen nicht genommen werden.

15. In den letzten 14 Tagen der **Schwangerschaft** früh und
abends einen Eßlöffel davon einnehmen, fördert die **Geburt**. Um die **Nachgeburt** leichter loszuwerden, gibt man der
Wöchnerin alle zwei Stunden einen Kaffeelöffel voll, solange, bis die Nachgeburt ohne Wehen abgeht.

16. Stellen sich nach der Geburt beim **Einschießen der
Milch Entzündungen** ein, werden sie bei Auflegen von
feuchten Lappen rasch genommen.

17. Sie treiben den Kindern die **Blattern** heraus. Man gebe
den Kindern je nach Alter von den Tropfen, verdünnt mit
Wasser. Wenn die Blattern zu trocknen beginnen, befeuchte man sie öfters mit den Tropfen, es bleiben keine Narben.

18. Sie dienen den Kindern und Erwachsenen gegen **Würmer**, ja sogar Bandwürmer vertreibt man damit, nur muß man sie den Kindern je nach Alter verabreichen. Einen feuchten Lappen mit den Tropfen auf den Nabel binden und ihn immer feucht halten.

19. Bei **Gelbsucht** werden sehr bald alle Beschwerden genommen, wenn man dreimal täglich einen Eßlöffel von diesen Tropfen nimmt und auf die **angeschwollene Leber** Umschläge macht.

20. Sie öffnen alle **Goldadern (Hämorrhoiden)**, heilen die **Nieren**, führen hypochondrische Flüssigkeiten ohne weitere Kur aus dem Körper, nehmen **Melancholie und Depressionen** und regen **Appetit** und **Verdauung** an.

21. Es öffnet auch inwendig die **goldene Ader (Hämorrhoiden)**, wenn man sie anfangs öfters anfeuchtet und sie durch Einnehmen von innen erweicht, besonders vor dem Schlafengehen. Man lege äußerlich ein mit Tropfen befeuchtetes Bäuschchen auf. Es macht das übrige Blut fließen und hilft gegen das Brennen.

22. Wenn jemand in **Ohnmacht** liegt, öffnet man ihm nötigenfalls den Mund, gebe ihm einen Eßlöffel der Tropfen ein, und der Kranke wird zu sich kommen.

23. Dieses Mittel vertreibt auch den Schmerz der stillen **Fraisen (Krämpfe)** durch Einnehmen, so daß sie mit der Zeit aufhören.

24. Bei **Lungensucht** täglich früh nüchtern davon nehmen und die Kur sechs Wochen lang fortsetzen.

25. Wenn eine Frau ihre **monatliche Reinigung** verliert oder dieselbe zu stark hat, nimmt sie diese Tropfen drei Tage ein und wiederholt dies zwanzig Male. Es wird, was zuviel ist, stillen und was zuwenig ist, ausgleichen.

26. Dieses Mittel hilft auch gegen den **weißen Fluß**.

27. Ist jemand mit der **fallenden Krankheit (Epilepsie)** behaftet, so muß man ihm auf der Stelle davon eingeben. Der

Kranke soll dann ausschließlich das Mittel nehmen, denn es stärkt sowohl die angegriffenen Nerven als auch den Körper und behebt alle Krankheiten.

28. Sie heilen **Lähmungen**, vertreiben **Schwindel und Übelkeit**.

29. Sie heilen auch die hitzigen **Blattern und Rotlauf**.

30. Hat jemand **Fieber**, hitzig oder kalt, und ist völlig schwach, so gebe man ihm einen Eßlöffel davon ein, und der Kranke, wenn er nicht mit anderen Mitteln den Körper belastet hat, wird in kurzer Zeit zu sich kommen, der Puls wird zu schlagen beginnen und wenn auch das Fieber noch so hoch war, dem Kranken wird bald besser werden.

31. Die Tropfen heilen auch **Krebs**, alte **Blattern** und **Warzen**, aufgesprungene Hände. Ist eine **Wunde** alt und eitrig oder wildes Fleisch daran, so wasche man alles gut mit weißem Wein aus, dann lege man einen mit den Tropfen befeuchteten Lappen darauf. Sie nehmen **Geschwülste und Schmerzen** sowie das **wilde Fleisch**, und die Wunde fängt zu heilen an.

32. Sie heilen ohne Gefahr alle **Wunden**, sie mögen gehauen oder gestochen sein, wenn sie öfters damit befeuchtet werden. Man nehme einen Lappen, tunke ihn darin ein, überdecke damit die Wunden. Sie nehmen in kurzer Zeit den Schmerz, lassen weder **Brand** noch **Fäulnis** zu und heilen auch alte Wunden, die man durch eine **Schußverletzung** bekommen hat. Sind Löcher da, so spritze man die Tropfen in die Wunde, die nicht unbedingt vorher gereinigt werden muß. Durch fleißiges Auflegen mit einem angefeuchteten Lappen tritt die Heilung in kurzer Zeit ein.

33. Sie nehmen **alle Narben**, auch wenn sie noch so veraltet sind, **Wundmale und Schnitte**, wenn man sie bis 40 mal damit anfeuchtet. Alle Wunden, die mit diesen Tropfen geheilt werden, hinterlassen keine Narben.

34. Sie heilen auch alle **Fisteln** von Grund auf, wenn sie auch

unheilbar erscheinen; es mag der Schaden so alt sein, wie er will.

35. Sie heilen alle **Brandverletzungen**, ob sie nun vom Feuer, vom heißen Wasser oder vom Fett herrühren, wenn die Verletzungen fleißig angefeuchtet werden. Es bilden sich auch keine Blasen, die Hitze wird herausgenommen, selbst eitrige Blasen werden von Grund auf geheilt.

36. Sie dienen gegen **Beulen und Flecken**, mögen sie von einem Stoß oder Schlag herrühren.

37. Wenn jemand nicht mit Appetit essen kann, bringen sie den verlorenen **Geschmack** wieder.

38. Bei großer **Blutarmut** bringen sie auch die verlorene Farbe wieder, wenn die Tropfen eine Zeitlang morgens genommen werden. Sie reinigen das Blut und bilden neues, auch fördern sie dessen Umlauf.

39. **Rheumatische Schmerzen** in den Gliedern werden genommen, wenn man sie morgens und abends einnimmt und auf die schmerzenden Stellen feuchte Lappen legt.

40. Sie heilen **gefrorene Hände und Füße**, selbst wenn es offene Stellen gäbe. So oft als möglich, besonders aber in der Nacht, soll man mit den Tropfen befeuchtete Lappen auflegen.

41. Auf **Hühneraugen** lege man ein mit den Tropfen befeuchtetes Bäuschchen und halte die schmerzende Stelle stets feucht. Nach drei Tagen fallen sie von selbst heraus, oder man kann sie schmerzlos herausschälen.

42. Sie heilen auch **Bisse** von wütenden Hunden und anderen Tieren, indem man die Tropfen einnimmt, denn sie heilen und vernichten alle Gifte. Die Wunden mit einem feuchten Lappen belegen.

43. Bei **Pest** und anderen ansteckenden Krankheiten ist es gut, wenn man am Tage öfters davon nimmt, denn sie heilen **Pestgeschwüre und -beulen**, selbst wenn sie schon im Hals stäken.

44. Wer nachts nicht gut schlafen kann, nehme vor dem Schlafengehen von diesen Tropfen. Bei nervöser **Schlaflosigkeit** einen mit verdünnten Tropfen befeuchteten Lappen aufs Herz legen.

45. Einen **Betrunkenen** kann man mit zwei Eßlöffel davon auf der Stelle nüchtern machen.

46. Wer täglich diese Tropfen früh und abends nimmt, braucht keine andere Medizin, denn diese stärken den Körper, erfrischen die Nerven und das Blut, nehmen das **Zittern der Hände und Füße**. Kurz, sie nehmen überhaupt alle Krankheiten. Der Körper bleibt straff, das Gesicht jugendlich und schön.

Kleiner und Großer Schwedenbitter

• •

Unter dem Namen »Schwedenbitter«, »Schwedenelixier«, »Schwedenjörg« oder »Crancampo« (alte Bezeichnung aus den sechziger Jahren) sind Schwedenkräuter heute in jeder Apotheke erhältlich. Allerdings sind die Rezepturen sehr unterschiedlich und entsprechen nicht immer der ursprünglichen Zusammensetzung. Deshalb möchte ich an dieser Stelle die schwedischen Originalrezepte des sogenannten »Großen« und »Kleinen Schwedenbitters« vorstellen. Beide Rezepte kann man leicht selber herstellen. Sie brauchen nur die entsprechende Kräutermischung, die Sie in jeder Apotheke bestellen können, und circa eineinhalb Liter vierzigprozentigen Kornbranntwein oder Wacholderschnaps.

Kleiner Schwedenbitter
Diese Kräutermischung besteht aus:
10 g Aloe*
 5 g Myrrhe
0,2 g Safran
10 g Sennes-Blätter
10 g Kampfer**
10 g Rhabarber-Wurzel
10 g Zittwer-Wurzel
10 g Manna
10 g Theriak venezian

5 g Eberwurz-Wurzel
10 g Angelika-Wurzel
* Statt Aloe kann auch Enzian-Wurzel oder Wermut-Pulver verwendet werden.
** Bei Kampfer darf nur Naturkampfer genommen werden.

Großer Schwedenbitter
Diese Kräutermischung besteht aus:
18 g Rhabarber-Wurzel
18 g Theriak venezian
13 g Myrrhe
 9 g Zittwer-Wurzel
 7 g Diptam-Wurzel
 5 g Roter Ton
 7 g Enzian-Wurzel
 7 g Angelika-Wurzel
 4 g Eberwurz-Wurzel
 2 g Kampfer
 2 g Tormentill-Wurzel
 2 g Bibergeil
 5 g Lärchen-Schwamm
 2 g Safran
 2 g Muskat-Blüte
18 g Kalmus-Wurzel
35 g Muskat-Wohnen

Das Ansetzen der Kräuter
Die Schwedenkräuter werden mit anderthalb Liter 38- bis 40prozentigem Obst- oder Kornbranntwein in einer breithalsigen Zweiliterflasche angesetzt. Dieses Gemisch soll vierzehn Tage an einem warmen Platz (Sonne oder Herdnähe) stehen. In dieser Zeit muß die Kräutermischung täglich mehrmals kräftig geschüttelt werden. Soll die Essenz besonders gut sein, kann man den Vorgang folgendermaßen

wiederholen: Die Kräuter werden durch ein Sieb abgefiltert und dann nochmals mit der gleichen Menge frischem Branntwein aufgegossen. Wieder muß das Elixier vierzehn Tage an einem warmen Platz stehen und wird mehrmals täglich geschüttelt. Die jetzt entstandene bräunliche Essenz wird nach dieser Frist in kleine Flaschen abgefüllt und fest verschlossen, damit sich der Alkohol und die ätherischen Öle der Kräuter nicht verflüchtigen. Je länger das Elixier steht, desto höher ist ihr Wirkungsgrad.

Im folgenden Teil des Buches werde ich mich ausschließlich auf die Kräuter des Kleinen Schwedenbitters beschränken, denn alle Experten sind sich einig, daß der Kleine Schwedenbitter alle Bestandteile enthält, um große und kleine Krankheiten zu heilen.

Die Schwedenkräuter
und ihre heilenden Kräfte

• •

Schwedenkräuter setzen sich aus einer Mischung von Heilpflanzen zusammen, die einzeln recht selten zur Anwendung kommen. Erst durch ihre einzigartige Wirkstoffkombination, die durch den Alkohol freigesetzt wird, erhält das Elixier seine Heileigenschaften. Im folgenden sollen deshalb die verschiedenen pflanzlichen Bestandteile des Schwedenbitters einzeln vorgestellt werden.

1. Aloe

»Sie trocknet die Wunde, belebt das Fleisch. Von der kranken Vorhaut benimmt sie den Krebs, reinigt von schlechten Säften die Augen, macht den Kopf frei, das verstopfte Ohr und die belegte Zunge. Gibt einem schwachen Magen frische Kraft, hält das Ausfallen der Haare auf, gibt ihnen neuen Glanz. Entschlackt die Leber und heilt die Gelbsucht.«

Antike Überlieferung der medizinischen Schule der Salernianer aus Salerno in Kampanien, um das Jahr 25 n. Chr.

1.1. Die Botanik
Die einem Kaktus ähnelnde Aloe gehört erstaunlicherweise zur Familie der Liliengewächse. Die »Wüstenlilie«, wie sie auf Grund ihres recht armen Lebensraumes oft genannt

wird, beweist ihre Zugehörigkeit zur Gattung der Liliengewächse mit ihren Blüten. Diese sind röhrenförmig und setzen sich aus sechs Blütenhüllblättern zusammen. Die Blüte
besitzt jeweils drei weibliche und sechs männliche Frucht-
blätter, die bei den meisten Aloe-Arten kleinen roten, gelben
oder orangefarbenen Trompeten ähneln. Unter tropischen
und subtropischen Klimabedingungen blüht die Aloe mindestens einmal im Jahr. Die dickfleischigen Aloe-Blätter
lassen beim Betrachten des Querschnitts viele kleinzellige
Schichten und Gefäßbündel, ähnlich wie bei der mensch-
lichen Haut, erkennen. Vor diesen Gefäßen liegt ein locke-
res Gewebe, in dem sich der gelartige Aloe-Saft befindet.

Unglaubliche Artenvielfalt
Die meisten wildwachsenden Aloe-Pflanzen sind in Afrika,
Mittel- und Südamerika, im Süden der USA und in Mittel-
meergebieten mit heißen Sommern und milden Wintern
heimisch. Weltweit sind über 250 Aloe-Arten bekannt, von
denen sich jedoch nur wenige für medizinische Zwecke eignen. Im europäischen Arzneibuch sind nur die beiden Arten
»Aloe vera« und die »Aloe Barbadensis miller« zugelassen.

Faszination Sukkulent
Aloen sind Pflanzen, die sich an das Leben in trockenen
und heißen Gebieten besonders gut angepaßt haben, sie
gehören zur großen Familie der Sukkulenten. Die dickfleischigen Blätter der Pflanze können in einem speziellen Gewebe Wasser speichern, das sie in Notzeiten an andere
Pflanzenteile abgeben. Auch die Wurzeln haben sich auf
die spärlichen Niederschläge ihrer Heimat eingestellt. Sie
bilden ein flaches, stark verzweigtes Netz, das auch Tau
und Nebel absorbieren kann. Das Verdunsten ihrer Wasser-
reservoirs verhindert die Pflanze durch eine Art Wachs auf
der Oberfläche der Blätter, das sie vor Austrocknung schützt.

1.2. Anbau, Ernte und Aufbereitung

Die USA – und hier besonders Texas –, Mittelamerika und Spanien sind Länder, deren klimatische Bedingungen und Bodenverhältnisse für eine erfolgreiche Kultivierung der Aloe besonders geeignet sind. Leider greifen die Besitzer der riesigen Plantagen hier und da zu Pestiziden und Herbiziden, so daß sowohl die Pflanzen wie auch die aus ihnen hergestellten Produkte manchmal mit Schadstoffen belastet sind. Glücklicherweise gibt es daneben aber auch sehr viele Plantagen, die ohne Giftstoffe auskommen. Hauptsächlich findet man sie in Ländern wie Venezuela, Kuba, Haiti oder der Dominikanischen Republik. Hier wächst die Aloe – ohne die Zugabe chemischer »Hämmer« – zusammen mit Kakteen in schadstoffunbelasteten, sandigen Böden heran.

Die dickfleischigen Blätter der Aloe werden auf Plantagen, die auf die Qualität ihrer Erzeugnisse achten, nicht etwa maschinell, sondern einmal im Jahr von Hand geerntet. Die begehrten Wirkstoffe entwickeln die Blätter der Pflanzen erst in einem Alter zwischen drei und fünf Jahren. Durch eine einfache Schnittfläche entleert sich ein vollsaftiges Blatt von selbst, ohne daß von außen Druck zugefügt werden muß. Als Heilstoffe werden der Aloe-Saft und das Aloe-Gel gewonnen.

Da die aktiven Stoffe der frisch geernteten Aloe-Blätter sehr empfindlich sind und schon nach etwa 8 bis 24 Stunden ihre Wirkung verlieren, greift man in den westlichen Anbauländern zur Erhaltung dieser Nährstoffe meist auf geringe Mengen an Konservierungsstoffen zurück. Generell sollte ein frisch geerntetes Aloe-Blatt bei Temperaturen unter 48° C verarbeitet werden, damit der Wirkungsgrad der hitzeempfindlichen Inhaltsstoffe erhalten bleibt. In traditionellen Anbaugebieten, wie zum Beispiel in der Karibik, werden keine künstlichen Konservierungsstoffe, sondern Substanzen wie Propolis, Orchideen-Essenzen oder Honig zur Haltbarmachung verwendet.

1.3. Inhaltsstoffe der Aloe

Mit Hilfe neuester technischer Hilfsmittel und Analysemethoden ist es den Wissenschaftlern gelungen, die Inhaltsstoffe der Aloe-Pflanze und deren Wirkungsweisen zu bestimmen. Bis heute konnten rund 160 Stoffe nachgewiesen werden. Je nach Art und Klimabedingungen variieren die einzelnen Substanzen in ihrem Wirkstoffgehalt. Zu den wichtigsten Hauptinhaltsstoffen gehören:

- 27 Aminosäuren (Eiweißbausteine): z.B. Alanin, Tyrosin, Glycin, Serin, Lysin, Histidin
- 13 Vitamine: z.B. A, C, E, B1, B2, B3, Beta Carotin, Niacin
- 15 Enzyme: z.B. Oxidase, Amylase, Lipase, Zellulase, Katalase, Pentosane
- 4 Fettsäuren: Cholesterol, Campesterol, Beta-Sitosterol und Lupeol
- 13 Mineralstoffe: z.B. Zink, Eisen, Natrium, Magnesium, Calcium, Kalium
- 14 Monopoly- und Mucopolysaccharide: z.B. Acemannan, Glukoronsäure, Manose, Galaktose, Pentosan, Zellulose, Arabinose
- 11 Anthraquinone: z.B. Barbaloin, Anthranole, Aloin, Restannol, Emodin, Zimtsäure
- Aminozucker: Glaktosamin, Glukosamin
- Sapponine, Lignine

1.4. Arzneilich verwendete Pflanzenteile

Für Heilzwecke werden, wie schon erwähnt, etwa drei bis vier Jahre alte Aloe-Blätter herangezogen. Durch die große Bandbreite der verschiedenen Wirkstoffe und deren Zusammenspiel kann Aloe vera, wie kaum eine andere Pflanze, bei einer unglaublichen Vielfalt von Leiden erfolgreich eingesetzt werden. Dank der modernen Technik kann man heute durch sogenannte Kaltextraktionsverfahren nahezu alle wertvollen Inhaltsstoffe des Pflanzensaftes bewahren.

1.5. Heilwirkungen und Anwendung

Schon die alten Griechen kannten zahlreiche Anwendungsmöglichkeiten von Aloe. Unsere Urgroßmütter nannten sie die »Erste-Hilfe-Pflanze«. Tatsächlich ist Aloe allein eine kleine Hausapotheke: Ihr Saft heilt Schnittwunden und Verbrennungen, schützt gegen Mückenstiche und Sonnenbrand, hilft bei Akne und Haarausfall und beseitigt Magenbeschwerden nach zu üppigem Essen. Darüber hinaus kann Aloe schon im Vorfeld helfen, die körperliche Abwehrfunktion zu stärken, Infektanfälligkeit vorzubeugen und Mangelerscheinungen des Körpers auszugleichen oder zu verhindern. Besonders das frisch geschnittene Blatt der Pflanze eignet sich hervorragend zur Nahrungsergänzung. Dazu schneidet man etwa einen Zentimeter breite Stücke ab, entfernt die Schale und verzehrt das Gel in kleinen Bissen. Der frisch gepreßte Saft sollte nüchtern, jeweils vor den Mahlzeiten, getrunken werden. Auch für Kinder ist Aloe-vera-Saft sehr empfehlenswert.

Die bioaktiven Wirkstoffe der Aloe vera können außerdem bei folgenden Krankheiten und Beschwerden hilfreich eingesetzt werden, von denen hier nur einige wichtige genannt werden können:

Darmstörungen

Körperfremde Pilze und Mikroorganismen werden durch Aloe-vera-Saft verdrängt. Der Darm wird entgiftet und enthält seinen natürlichen pH-Wert zurück.

Allergien

Die in Aloe vera enthaltene Fettsäure B-sitosterol entgiftet den Organismus. Dadurch wird die Allergen-Aufnahmetoleranz gesteigert und das Immunsystem gestärkt.

Strahlenschäden

Aloe-Saft entgiftet den Körper auch hinsichtlich der ständig zunehmenden radioaktiven Belastung in Luft, Nahrung und Wasser.
Er steigert außerdem die Knochenmarksaktivität, so daß vermehrt gesunde, neue Blutzellen gebildet werden. Dadurch gehen Entzündungen und Schwellungen zurück, und auch Haarausfall wird vermindert.

Hautprobleme

Aloe vera schützt die Haut vor Austrocknung. Untersuchungen haben gezeigt, daß das Wachstum der Hautzellen durch Aloe vera um das Siebenfache gesteigert werden kann! Der Grund: Mit seinen regenerierenden Nährstoffen kann Aloe-vera-Gel alle Hautschichten durchdringen und sich so in den Zellen einlagern. Die Sauerstoffaufnahme des Gewebes wird durch das im Gel enthaltene Vitamin E deutlich verbessert. Deshalb heilen Schürfungen und sogar Verbrennungen schneller ab, wenn äußerlich Aloe-Gel aufgebracht wird.

Eisenmangel/Immunsystem

Eisenmangel wirkt sich schädlich auf das Immunsystem aus. Die Abwehrzellen werden geschwächt und können Infektionskrankheiten nicht mehr so wirkungsvoll bekämpfen. Zur Erhaltung des biochemischen Gleichgewichts braucht der Körper täglich eine bestimmte Ration Eisen: Der Tagesbedarf des Mannes beträgt etwa 10 Milligramm, der der Frau circa 18 Milligramm.

Auch hier kann Aloe-vera vorbeugen, denn in einem einzigen Liter Aloe-Saft sind rund 44 Milligramm Eisen enthalten. Die regelmäßige Einnahme von Aloe-Saft zu den Mahlzeiten garantiert die tägliche Eisenversorgung und stärkt das Immunsystem.

Verstopfung

Aloe hat einen heilenden Einfluß auf den Magen-Darm-Bereich. Durch ihre spezielle chemische Zusammensetzung unterstützt die Pflanze den Körper bei seiner Verdauungsarbeit und regt den Stoffwechsel an.

Abschließend kann gesagt werden, daß Aloe vera den Wirkungsgrad sämtlicher medizinischer Heilbehandlungen erhöht, bzw. durch Aloe vera ein rascherer Erfolg eintritt.

1.6. Nebenwirkungen

Zwischen Gel und Blattgrün des Aloe-vera-Blattes sitzen Stoffe, die als Aloin oder Aloin-Emodin bezeichnet werden. Dieser im Aloe-vera-Saft enthaltene Stoff wirkt stark abführend. Mittlerweile gelingt es den meisten Anbietern, das Aloin schonend aus den Produkten herauszufiltern, ohne Qualitätsverluste herbeizuführen. Erkundigen Sie sich – je nachdem, ob Sie die stark abführende Wirkung wünschen oder nicht – vor dem Kauf eines Aloe-Produktes danach, ob Aloin enthalten ist.

Bei sämtlichen hier erteilten Informationen war immer das Pflanzenextrakt gemeint, dem durch schonende Kaltextraktion das Aloin entzogen wurde.

2. Wermut (Artemisia absinthium L.)

»Der Wermut ist sehr warm und sehr kräftig und ist der wichtigste Meister gegen alle Erschöpfungen ... Und gieße auch von seinem Saft in Baumöl, so daß das Öl jenen Saft um zwei Teile übertrifft, und wärme es in einem gläsernen Gefäß an der Sonne, und bewahre es so das ganze Jahr hindurch auf. Und wenn irgendein Mensch in der Brust und um der Brust Schmerzen hat, so daß er davon hustet, dann salbe ihn auf der Brust damit. Und wer in der Seite Schmerzen hat, der salbe dort, und es heilt ihn innen und außen.«

Heilige Hildegard von Bingen

2.1. Botanik

Der etwa ein Meter hohe Halbstrauch gehört zur Familie der Korbblüter und kann bis zu zehn Jahre alt werden. Seine Heimat ist in Sibirien und dem Orient, von dort aus hat er sich schon vor langer Zeit, über den westasiatischen Raum bis hin in unsere europäischen Regionen ausgebreitet. Wermut wächst wild auf Schuttplätzen, an Bahndämmen, in Weinbergen, auf Weiden und an Mauern. Immer öfter findet man ihn auch in kleinen Kräutergärten oder auf dem Balkon, wo der Wermut als Heil-und Gewürzpflanze herangezogen wird. Mit mehr als 300 Arten ist die Gattung der Artemisia absinthium wohl eine der größten auf der nördlichen Halbkugel.

Aussehen und Wuchs

Der Wermutstrauch besitzt einen holzigen Grundstock, aus dem reichverzweigte, aufrechte Blütenstengel treiben. Diese sind graufilzig-behaart und rispenartig verästelt. Im Laufe der Jahre verholzen sie, und bei günstiger Witterung können sie sogar überwintern, ohne zu erfrieren. Die zahl-

reichen, zwei- bis dreifach fiederteiligen Blätter, die den
Stengel umgeben, haben eine silbrig-grüne Farbe und sind
ebenfalls graufilzig behaart. Sie sind mit eingesengten Öldrü-
sen besetzt. In der Rispe findet man zahlreiche breitkuge-
lige Blütenköpfe. Die zarten gelben Blüten mit zwittrigen
Scheibenblüten und weiblichen Randblüten sind alle frucht-
bar und blühen von Juni bis September. Die Pflanze bildet
in diesem Zeitraum etwa 1,5 Millimeter lange eiförmige
Früchte aus.

2.2. Anbau, Ernte und Aufbereitung

Für den Anbau im Kräutergarten werden die Samen, die
drei Jahre lang keimfähig sind, von Anfang März bis Ende
April ausgesät. In kleinen Töpfchen oder Kisten erscheinen nach etwa drei bis vier Wochen kleine Sämlinge, die
frühestens Anfang Mai in den Garten gesetzt werden dürfen.
Beim Pikieren der Setzlinge sollte ein Abstand von 40 Zentimetern eingehalten werden. Wermut gedeiht besonders
prächtig an einem geschützten sonnigen Fleckchen und in
kalkhaltigem, humusreichem oder etwas sandigem Boden.
In den ersten ein bis zwei Jahren muß er vor Trockenheit
und langanhaltenden Frostperioden geschützt werden. Im
Herbst ist die Wermutpflanze sehr anfällig gegen Rostpilz-
befall. Kräuter, die davon betroffen sind, dürfen weder als
Küchengewürz noch als Heilkraut verwendet werden.

Uralte Sammlerregel

»Wenn Maria is na Hiemel fahrn, dann most Du den Wermot
vomn Garten holen!« verrät uns eine alte Bauernregel.
Heute erntet man das blühende Kraut, je nach Standort
und Exposition, zwischen Mai bis August. Dazu werden die
gesunden oberen Triebe ohne den holzigen Stengel abge-
schnitten und an einen luftigen, schattigen Ort zum Trocknen aufgehängt. Dient das Wermut-Kraut zum Herstellen

der Tinktur, wird die frische Ernte sofort und ohne Trockenzeit weiterverarbeitet.

2.3. Inhaltsstoffe des Wermuts
Nach neuesten Untersuchungen konnten im Wermut folgende Wirkstoffe nachgewiesen werden:

● Bitterstoffe: Absinthin, Anabsinthin und Artemisin
● 0,5-1% ätherische Öle: Thujon, Cadinen, Pinen, Phellandren und Proazulen
● außerdem sind Apfelsäure, Bernsteinsäure, Kalisalz und Mangan vorhanden.

2.4. Arzneilich verwendete Pflanzenteile
In der Naturheilkunde und der modernen Pharmaindustrie werden sowohl die Blätter als auch die blühenden Triebe des Wermut-Krautes verwendet. Den Pflanzensaft mit alkoholischen Auszügen kann man als Fertigprodukt kaufen. Wermut-Kraut bietet der Fachhandel meist in Aufgußbeuteln an. Die getrockneten Blüten und Blätter sollten am besten in der Apotheke bestellt werden. Wer ein geeignetes Fleckchen im Garten hat, kann Wermut natürlich auch selber anbauen.

2.5. Heilwirkung und Anwendung
Der 1945 verstorbene Pfarrer und Kräuterdoktor Künzle aus St. Gallen beschreibt die Wirkung des Wermuts auf Geist und Seele folgendermaßen: »Ist einer grün wie ein Laubfrosch, mager wie eine Pappel, nimmt täglich ab an Gewicht und Humor und wirft keinen Schatten mehr, der probiere es mit einem Teelöffel voll Wermut-Tee alle zwei Stunden!«

Wissenschaftlich nachgewiesen wurde die positive Wirkung des Wermuts bei Verdauungsstörungen, Appetitlosigkeit,

Blähungen und zur Anregung der Gallensaftsekretion. Zur Beseitigung dieser Symptome wird die Pflanze in diesen Fällen meist als aromatisches Bittermittel verordnet.

Für Paracelsus war Wermut, kombiniert mit Sennes-Blättern, das ideale Mittel gegen Verstopfung, das zudem auch »den Harn hervorruft«.

»Wermut stärkt den Magen«, sagt Paracelsus weiter, »und hilft gegen Magenbeschwerden, die durch Nahrungsmittel hervorgerufen worden sind.« Allerdings gibt es hierbei eine Einschränkung: »Den Leuten, die infolge mangelnder Ernährung krank sind, schadet es. Man soll es nur denen geben, die einen vollen Magen haben.«

Auch die moderne Pharmaindustrie verwendet Wermut als Bestandteil zahlreicher Magen- und Darmmittel und als Standardzulassung für Wermutkraut-Tee.

Als traditionelles Hausmittel ist er seit Paracelsus außerdem als wirksames Kraut gegen Spul- und Madenwürmer bekannt und wird auch bei Fieber und Infektionen unterstützend eingesetzt. Da er den Körper umfassend stärkt, kann er als Heiltee bei den unterschiedlichsten Erkrankungen hilfreich sein. Hierzu empfiehlt sich ein Aufguß aus ein bis zwei Teelöffeln des Krautes in einer Tasse kochendem Wasser. Der Tee sollte zehn bis fünfzehn Minuten lang ziehen und dreimal täglich nach dem Essen getrunken werden.

2.6. Nebenwirkungen

Eine Überdosierung von Wermut kann zu Schwindel, krampfartigen Zuständen und starkem Rausch führen. Durch das im ätherischen Öl enthaltene toxisch wirkende Thujon ist es vereinzelt sogar zu tödlichen Vergiftungen gekommen. Besonders Schwangere und stillende Frauen sollten das Mittel deshalb meiden.

Seit 1923 ist die Herstellung und das Verabreichen von Absinthbranntwein in Deutschland verboten, weil er zu schwersten Schädigungen des Zentralnervensystems führen kann.

3. Angelika/Engelwurz (Angelica archangelica L.)

»Erzengel in Pflanzengestalt«
Schenkt man einer uralten Legende Glauben, so erhielt die Pflanze ihren Namen vom Erzengel Raphael, der eines Tages einem einsamen Waldbruder erschien und ihn auf die Heilkraft der Engelwurz aufmerksam machte. Von diesem Tage an trug die Pflanze den Namen Angelica (lat. angelus), was soviel wie Engel bedeutet.

3.1. Botanik
Die Engelwurz ist eine große, erhabene Pflanze voll strotzender Kraft und Größe. Sie besticht durch ein strahlendes, üppiges Aussehen und einen aromatisch-erfrischenden Duft. Als eine Pflanze des Nordens findet man sie wildwachsend am häufigsten in nördlich gelegenen Gebieten Europas. Sie bevorzugt feuchte, schattige Standorte in Wiesen, Mooren und lichten Wäldern. Die echte Engelwurz ist die bekannteste von den 50 Arten ihrer Gattung und gehört zur Familie der Doldengewächse. In unseren Breiten unterscheidet man zwischen zwei Arten: der eher selten anzutreffenden Echten Engelwurz und der häufiger auftretenden Wald-Engelwurz. Die Echte Engelwurz ist deutlich größer und hat – im Gegensatz zur weißen Wald-Engelwurz – eher grünliche Blüten. Die Wald-Engelwurz hat zwar eine geringere Wirkung, kann aber trotzdem zu medizinischen Zwecken verwendet werden.

Botanische Merkmale

Die zwei- bis vierjährige Engelwurz kann bis zu zwei Meter hoch wachsen und stirbt nach einmaligem Blühen und Fruktifizieren ab. Im ersten Wachstumsjahr bildet sie eine rübenähnliche Wurzel aus, die sich im zweiten Jahr zu einem rotbraunen, circa fünf Zentimeter dicken Wurzelstock entwickelt, der einen gelblichen Milchsaft enthält. Zu ihrer Blütezeit zwischen Juni und August bildet sich der ein bis zwei Meter hohe Stengel aus. Er ist hohl, fein gerillt und bläulich bereift. Die Stengelblätter sind dreifach fiederteilig, etwa sechs bis neun Zentimeter lang und besitzen eiförmige, ungleich gezähnte Abschnitte. Nachkommende junge Blattriebe wirken vor ihrer Entfaltung bauchig aufgeblasen. Findet man einen großen Blütenstand, kann man darin bis zu 40 Dolden ausmachen, deren Blütenduft an Honig erinnert. Die grünlichen Blüten haben gelb-grüne Kronen, aus denen lange Staubblätter hervorragen. Zwischen September und Oktober bilden die reifen Blüten ellipsenähnliche, blaßgelbe Spaltfrüchte aus, die etwa sechs bis acht Millimeter lang werden.

3.2. Anbau, Ernte und Aufbereitung

In einigen Ländern wird die Engelwurz als Heilpflanze schon seit vielen Jahren kultiviert. Da sie in unseren Breiten nicht auf Feldern angebaut wird und in der freien Natur nur sehr selten anzutreffen ist, empfiehlt es sich, die Pflanze im eigenen Kräutergarten heranzuziehen. Sehr wichtig ist es, daß die Samen sofort nach der Reife ausgesät werden, da sie ihre Keimfähigkeit sehr schnell verlieren. Zwischen September und Oktober müssen sie mit einem Abstand von rund 40 Zentimetern in humusreiche, feuchte Erde eingesetzt werden. Die Keimlinge vertragen weder Staunässe noch lang anhaltende Trockenperioden. Abgesehen davon braucht die Engelwurz keine besondere Pflege.

Das Sammelgut, der Wurzelstock, kann zwischen März und April ausgegraben werden, in jedem Fall, bevor die Pflanze beginnt auszutreiben. Sammler in der freien Natur müssen darauf achten, daß sie die Pflanze nicht mit ähnlich aussehenden, aber giftigen Doldengewächsen, wie zum Beispiel dem Riesenkerbel oder dem Roßkümmel, verwechseln.

3.3. Inhaltsstoffe
Die wichtigsten Wirkstoffe der Angelikawurzel sind laut laboranalytischen Untersuchungen:

- 0,3-1,5% Prozent ätherisches Öl mit Terpen
- Bitterstoffe
- Cumarine und Furocumarine
- Harze und Zucker
- Angelikasäure und Baldriansäure
- Angelicin
- Archinin
- Bergapten und Phellandren

3.4. Arzneilich verwendete Pflanzenteile
Für medizinische Zwecke verwendet man ausschließlich den Wurzelstock und die Wurzeln der Echten Engelwurz-Pflanze. Besonderer Wert wird darauf gelegt, daß es sich um Sammelgut von zweijährigen Pflanzen handelt, da deren Inhaltsstoffe einen besonders hohen Wirkstoffgehalt aufweisen. Die Wurzeln werden kurz gewaschen, der Länge nach halbiert, in kleine Stücke geschnitten und bei etwa 45 °C getrocknet. Nur zur Herstellung bestimmter Tinkturen werden die frischen Wurzelstücke benötigt.

3.5. Heilwirkung und Anwendung
Schon 1563 schreibt Matthiolus in seinem » Kreuterbuch«: » Hyer haben wir abermals der edlen und berümpten Kreut-

ter eins, welches wegen seiner Tugend wider Gifft und insbesonderheit wider die Pestilenz nicht zu bezahlen ist wie solchs mannigfaltige erfahrung bezeugt.«

Heute braucht sich keiner mehr vor der Pest zu fürchten. Um so mehr brauchen wir natürliche Helfer, wenn es darum geht, stressbedingte, gesundheitsschädigende Faktoren abzuschütteln und zu einem entspannten, harmonisierenden und wärmenden Gleichgewicht zu finden. Dafür ist die Engelwurz genau die richtige Pflanze. Besonders Liebhaber von ätherischen Ölen schätzen Angelika sehr. Es gilt als das »Angst- und Kraftöl«, weil es ängstlichen Menschen die Furcht nehmen und ihnen neuen Mut geben kann. Menschen, die in ihren eigenen Gedanken verhaftet sind, soll es mehr Sicherheit geben und ihnen dabei helfen, den richtigen Bezug zur Realität zu bekommen.

Auch der Tee und die Tinktur aus der Engelwurzel haben heilende Eigenschaften und können bei folgenden Beschwerden verordnet werden:

● Bei Bronchitis und Rippenfellentzündung in Begleitung mit Fieber wirken Tee wie Tinktur krampf- und schleimlösend.
● Bei Darmstörungen und Blähungen stärkt Engelwurz-Tee den Magen, wirkt beruhigend, verdauungsfördernd und entblähend.
● Der Tee regt den Appetit an und fördert die Sekretion von Gallensäften.
● Durch seine antiseptische Wirkung auf das Harnsystem kann der Tee außerdem bei Blasenentzündungen eingesetzt werden.

Engelwurz-Tee kann leicht zubereitet werden, indem man einen Teelöffel der geschnittenen Wurzel mit einer Tasse Wasser zum Kochen bringt, zwei Minuten leicht köcheln und anschließend 15 Minuten ziehen läßt. Bei den oben genannten Beschwerden sollten drei Tassen täglich getrunken werden.

Von der Tinktur wird der Arzt oder Heilpraktiker drei bis fünf Milliliter dreimal täglich verordnen.

3.6. Nebenwirkungen

Überdosierungen können zur Schädigung des Zentralnervensystems führen. Vergiftungen durch die Pflanze sind bislang nicht bekannt, könnten aber bei Mißbrauch möglich sein. In einigen Fällen kann der frische Saft bei direktem Hautkontakt zu Dermatitis-Erscheinungen mit Bläschenbildung führen. Menschen mit diesen Symptomen sollten Einreibungen oder Bäder mit Engelwurz-Extrakten meiden. Aufgrund seines Inhaltsstoffes Furocumarin erhöht Angelika-Öl außerdem die Lichtempfindlichkeit der Haut. Beim Sonnenbaden sollte man deshalb kein Angelika-Öl auftragen.

4. Enzian (Gentiana lutea L.)

»... Wer aber einen Schmerz im Herzen hat, daß er meint, sein Herz (Leben) hinge nur noch an einem Strang, der pulverisiere Enzian, und er esse dieses Pulver in Suppen und es stärkt sein Herz ...«

Hildegard von Bingen

4.1. Botanik

Einer Legende nach fand der illyrische König Gentis im 2. Jahrhundert v. Chr. eine bezaubernde Pflanze und gab ihr den Namen gentiane – so überlieferte es der griechische Gelehrte Dioskurides (1. Jh. n. Chr.).

Von den vielen hundert Enzianarten weltweit finden wir in Mitteleuropa nur etwa dreißig. Der Gelbe Enzian, der auf Wiesen und Weiden der Gebirge anzutreffen ist, gehört durch seine Schönheit und den großen Wuchs zu einer der stattlichsten Arten überhaupt. In unseren Breiten findet man ihn besonders häufig im Alpenraum und im Schwarzwald.

Wegen ihres langsamen Wachstums beginnt die Pflanze meist erst zwischen dem 5. und dem 10. Lebensjahr zu blühen. Dafür ist es aber keine Seltenheit, daß sie ein hohes Alter von 70 Jahren erreicht. Sie darf nicht mit dem hochgiftigen Weißen Germer verwechselt werden, der den jungen Enzianpflanzen sehr ähnlich sieht, im Gegensatz zu diesen jedoch wechselständige Blätter besitzt.

Durch das Ausgraben der Wurzeln, um Schnaps daraus zu brennen, war der Enzian eine Zeitlang vom Aussterben bedroht, so daß bis heute alle wildwachsenden Pflanzen unter Naturschutz stehen.

Aussehen und Wuchs

Der Gelbe Enzian ist eine stattliche, ausdauernde Staude aus der Familie der Enziangewächse, die, je nach Standort, eine Größe von anderthalb Metern erreichen kann. Ihr Wurzelstock ist sehr fleischig und besitzt eine mehrköpfige, wenig verzweigte Pfahlwurzel von gelber Färbung. Mit zunehmendem Alter kann die Wurzel armdick werden. Der aufrecht emporragende Stengel ist hohl, unverzweigt und von blaugrüner Farbe. Die Blätter schimmern ebenfalls bläulich-grün und werden etwa 25 Zentimeter lang und 15 Zentimeter breit. Sie stehen gegenständig zueinander und weisen eine elliptische Form auf. Auf ihrer Oberfläche sind sechs bis sieben bogenförmige Rippen zu erkennen. Im oberen Pflanzenteil bilden sie sich zu schalenförmigen Tragblättern aus, in denen sich fünf bis zehn langgestielte Blüten zu Trugdolden vereinigen. Diese blühen zwischen Juni und August leuchtend gelb. Der blaßgelbe Blütenkelch des Enzians ist häutig und einseitig aufgeschlitzt. In ihm befinden sich die Staubblätter mit ihren roten Beuteln. Als Frucht bildet die Pflanze spitzkegelförmige Kapseln aus, in denen sich die zahlreichen Samen befinden.

4.2. Ernte und Aufbereitung

Massiver Raubbau, der die Pflanze vor einigen Jahrhunderten fast ausrottete, machte es notwendig, den Enzian durch eine Rechtsverordnung zu schützen. In Bayern durften Enzianwurzeln z. B. nur alle 18 Jahre ausgegraben werden. Heute ist die gefährdete Pflanze in die Bundesartenschutzverordnung aufgenommen, und nur aus Spanien dürfen die Wurzeln eingeführt werden. Einem jungen Forscherteam gelang es, in der Nähe von München Enzianpflanzen zur Wurzelgewinnung zu kultivieren und auf Feldern anzubauen. Als ideale Wachstumsbedingungen erwiesen sich dabei sonnige Fleckchen mit feuchtem, kalkhaltigem Boden. Wegen seines kräftigen Wuchses kann Enzian auch im Garten als Solitärpflanze aufgezogen werden. Zwischen September und Oktober oder im Frühjahr zwischen Februar und März können die Wurzelstöcke des Gelben Enzians ausgegraben und entsprechend verarbeitet werden.

4.3. Inhaltsstoffe

Der Gelbe Enzian hat folgende Wirkstoffe:

● Verschiedene Bitterstoffe: Amarogentin (dieser Naturstoff weist den höchsten Bitterstoffgehalt auf, den eine Pflanze haben kann) und Gentiopikrin
● Kohlenhydrate
● Farbstoffe

● Gerbstoffe
● Schleim
● ätherische Öle

4.4. Arzneilich verwendete Pflanzenteile

Für medizinische Zwecke wird die Wurzel der Enzianpflanze benutzt. Je nach Verwendungszweck werden die Wurzeln entweder im Frühjahr oder im Herbst ausgegraben. Frühjahrswurzeln haben einen enorm hohen Bitterstoffgehalt, Herbstwurzeln haben den höchsten Kohlenhydratgehalt. Nach der Ernte werden die Wurzeln gründlich gewaschen und dann mit Hilfe künstlicher Wärme getrocknet und weiterverarbeitet. Meist wird die Wurzel als Schnittdroge oder in Pulverform verabreicht.

4.5. Heilwirkung und Anwendung

»Wer Enzian, Salbei und Wermut zur Hand hat, verfügt über eine ganze Apotheke«, sagte einmal Sebastian Kneipp. Wissenschaftlich nachgewiesen ist die heilende Wirkung des Gelben Enzians auf Verdauung und Magen-Darm-Bereich. Berühren die Bitterstoffe des Enzian die Geschmacksknospen der Zunge, so regen sie auf reflektorischem Weg die Produktion der Speichel-, Magen- und Gallensäfte an. Dadurch wird das für die gesunde Verdauung sehr wichtige Magensafthormon Gastrin in ausreichender Menge bereitgestellt. Appetitlosigkeit und Verdauungsprobleme werden auf diese Weise gelindert. Die Pflanze wirkt aber auch direkt, denn ihr Gewebshormon Gastrin reguliert die Salzsäurebildung des Magens, mobilisiert die Magen-Darmbewegung und die Produktion des Bauchspeicheldrüsensaftes. So wird der Magen besser durchblutet und schneller entleert, die aufgenommenen Nahrungsstoffe können besser resorbiert werden. In der Volksmedizin wird der Gelbe Enzian darum auch als inneres Stärkungsmittel verabreicht. Gleichfalls verdauungsfördernd und gallentreibend wirkt das ätherische Öl der Enzianwurzel.

Eine Einschränkung gibt es allerdings: Bei der Verabreichung von Enzian muß unterschieden werden, welche Form von Magenbeschwerden vorliegt. Denn während die Pflanze den saftlosen, schlaffen Magen stärkt, ist sie beim reizempfindlichen, übersäuerten Magen fehl am Platze.

Enzian gibt es in verschiedenen Darreichungsformen: Als Pulver kann man ihn z. B. sehr gut über eine Suppe streuen. Um eine gesundheitsfördernde Wirkung zu erzielen, darf das Pulver jedoch nicht mitgekocht werden, sondern erst kurz vor dem Essen darübergestreut werden. Auch Enziantee ist leicht zubereitet und hat eine gute Wirkung, wenn man einen halben Teelöffel Enzianwurzel mit etwa 150 Milliliter kochendem Wasser übergießt, 15 Minuten ziehen läßt und jeweils eine Tasse davon vor den Hauptmahlzeiten trinkt.

4.7. Nebenwirkungen

Menschen, die auf Bitterstoffe sehr empfindlich reagieren, können nach dem Gebrauch von Enzianzubereitungen Kopfschmerzen bekommen. Zu hohe Dosen können außerdem zu Magenschmerzen oder Erbrechen führen. Vergiftungsfälle sind nicht bekannt. Bei Sodbrennen sollte Enzian nicht eingenommen werden.

5. Eberwurz/Silberdistel (Carlina acaulis L.)

Einer alten Sage nach geht der Gattungsname des Eberwurz, Carlina, auf Karl den Großen zurück. Während einer Schlacht wurde sein gesamtes Heer von der Pest heimgesucht und drohte, alle tapferen Krieger dahinzuraffen. In diesen qualvollen Stunden erschien Karl dem Großen ein Engel und lehrte ihn den Gebrauch einer wundervollen Pflan-

ze. Durch ihre heilbringenden Kräfte konnten alle seine Sol-
daten von der Pest befreit werden.

5.1. Botanik

Die silbrig glänzende Pflanze aus der Familie der Korbblü-
tengewächse hat ihre Heimat in Mittel- und Südeuropa.
Meistens begegnet man ihr auf mageren Weiden oder lichten Wäldern in Spanien, Österreich, Deutschland, Italien
und den Donauländern, bis hin in die westlichen Republiken
der ehemaligen Sowjetunion. Durch ihre Fähigkeit, ihre
Hüllblätter bei Wetterverschlechterung und Nässe wie ein
Dach über den Blütenköpfen zu verschließen, gilt sie als
Wetterprophet und wird deshalb im Volksmund auch Wet-
terdistel, Wetterrose oder Dunderwurzel genannt. Die meisten Menschen kennen sie allerdings unter dem Namen Silberdistel. Den Namen Eberwurz erhielt sie, weil die Pflanze
früher erfolgreich bei verschiedenen Schweinekrankheiten
angewandt wurde.

Aussehen und Wuchs

Der fünf bis zwanzig Zentimeter hohe, ausdauernde Eberwurz besitzt keinen oder nur einen sehr kurzen Stengel, so
daß sich die fülligen, breiten Blütenköpfe dicht über dem
Erdboden erheben. Die dicke, senkrechte Wurzel der Pflanze bohrt sich spindelförmig in den Boden, hat eine rötliche
Färbung und ist mit reichlich Milchsaft gefüllt. Ihr Geruch
ist von eher unangenehmer Schärfe. Die Laubblätter sind ro-
settenförmig angeordnet und laufen in stacheligen Zipfeln
aus. Die Blütenköpfe, die bis zu 12 Zentimeter breit werden
können, stehen einzeln auf dem rötlich überlaufenen Stengel und sind von silbrig schimmernden Hüllblättern umgeben. In seiner Blütezeit, zwischen Juli und September, erscheinen die weißlich-roten, manchmal auch silbernen
Röhrenblüten, die zwischen 14 und 17 Zentimeter lang wer-

den. Die kleinen Früchte der Pflanze sind mit anliegenden, gelben Haaren bedeckt, die zwei- bis dreimal so lang werden wie die Früchte selbst.

5.2. Ernte und Aufbereitung

Obwohl der Eberwurz Kalkboden bevorzugt, ist er auf verschiedenen Böden von der meeresnahen Ebene bis hin zu alpinen und hochalpinen Hängen in bis zu 2400 Metern Höhe sowohl einzeln als auch in Gruppen zu finden. In manchen Regionen ißt man die fleischigen, jungen Blütenböden, die einen ähnlichen Geschmack wie Artischockenböden haben. Zwischen September und Oktober werden die Wurzeln der winterharten Pflanze ausgegraben, gründlich gereinigt und dann zur Trocknung auf lange Schnüre aufgezogen. Sehr große Stücke werden gleich nach der Ernte längs gespalten und können dann auch im Ofen getrocknet werden. Da ihr Vorkommen stark zurückgegangen ist, steht die Silberdistel heute teilweise unter Naturschutz bzw. darf für gewerbliche Zwecke nicht gesammelt werden.

5.3. Inhaltsstoffe

Die Eberwurz-Wurzel weist folgende Inhaltsstoffe auf:

- 1–2% ätherisches Öl mit narkotischem Geruch, welches vorwiegend aus bakteriostatisch wirkendem Carlinaoxyd sowie aus Carlinen besteht
- Gerbstoffe
- Inulin
- Harze

5.4. Arzneilich verwendete Pflanzenteile

Als wirksame Teile der Eberwurz gelten nur die Wurzeln (Radix Carlinae). Erst im Mittelalter wurde die Silberdistel für die Volksheilkunde entdeckt, da die Pflanze in Grie-

chenland nicht heimisch ist und deshalb der antiken, griechischen Heilkunde unbekannt blieb.
Die Pflanze hat einen unangenehmen, stinkenden Geruch
und einen bittersüßen, scharf-würzigen Geschmack.

5.5. Heilwirkung und Anwendung

Heilkundige vergleichen die Wirkungsweise der Eberwurz-
Wurzel gerne mit der des Alant. Im Unterschied zu ihm be-
schränkt sich die Anwendung der Eberwurz jedoch auf die
Volksheilkunde. Hier wird die Pflanze zur Magenbehand-
lung, als harn-und schweißtreibendes Mittel und als Wirkstoff gegen Würmer eingesetzt. Daneben konnten galletrei-
bende, wundheilende und narbenbildende Wirkungsweisen
nachgewiesen werden. Allgemein wird zur inneren Anwendung ein Absud aus einem Teelöffel der getrockneten
Wurzel und einer Tasse kochendem Wasser empfohlen. Von
dem so entstandenen Tee kann man dreimal täglich eine
Tasse trinken. Bei der Dosierung der Tinktur werden ein bis
zwei Milliliter dreimal täglich empfohlen.

5.6. Nebenwirkungen

Bei Überdosierung kann das Carlinaoxid zu Vergiftungserscheinungen wie Übelkeit oder Erbrechen führen.

6. Kampfer (Cinnamomum Camphora L.)

*»Wer am täglichen Fieber leidet, nehme wilden Majoran,
Kampfer und von der Tormentillwurzel mehr wie von beiden
anderen, stoße dies zu Pulver, tue dies Pulver beim Beginn
des Fieberanfalls in warmen Wein, trinke es so, lege sich ins
Bett und schlafe.«*

Heilige Hildegard von Bingen

Der Kampfer kam über den Seeweg, wahrscheinich mit arabischen Kaufleuten, nach Europa. Vermutlich lieferten ihn arabische Ärzte schon 200 Jahre vor der Geburt der Heiligen Hildegard nach Spanien. Zu dieser Zeit war er fast unbezahlbar, denn er galt, in Verbindung mit Majoran und Tormentillwurzel, als sicheres und wärmendes Mittel bei Fieber. Noch heute ist Kampfer-Öl eines der wichtigsten Heilmittel in Ostasien. In Europa war es der deutsche Arzt und Forscher Engelbert Kaempfer (1652–1716), der es sich zur Aufgabe machte, die Wirkungsweise des Kampfers genauer zu untersuchen.

6.1. Botanik

Der Kampferbaum gehört zur Familie der Lorbeergewächse und hat seine Heimat in Südchina, Südjapan und auf Formosa. Inzwischen wird er auch in Südafrika und auf Ceylon erfolgreich kultiviert. In Europa findet man ihn meist nur als Zierbaum.

Aussehen und Wuchs

Der Kampfer ist ein immergrüner, sehr aromatisch duftender Baum, der bis zu 2000 Jahren alt werden kann. Er ist von knorrigem, verzweigtem Wuchs und kann bis zu 50 Metern hoch wachsen. Der Stamm erreicht meist einen Durchmesser von vier bis fünf Metern. Die Blätter des mächtigen Baumes haben eine länglich-elliptische Form und erreichen eine Länge von zehn bis 14 Zentimeter. Die Blüten des Kampfers sind recht unscheinbar grünlich-gelb gefärbt und sitzen an langgestielten Rispen. Später bilden sich daraus tiefschwarze Früchte, die in becherförmigen Blütenachsen eingebettet sind.

6.2. Ernte und Aufbereitung

In der Vergangenheit wurden meist 40 bis 50 Jahre alte Bäu-

me zur Kampfergewinnung gefällt. Als die ertragreichsten Teile galten die untersten Stammabschnitte. Um das wertvolle Produkt aus dem Holz zu gewinnen, wurden die Bäume zerkleinert, zerstampft und dann einer Wasserdestillation unterzogen.
Heute wird Kampfer auch in Kulturen herangezogen. Dort köpft man die jungen Bäumchen kurz über dem Boden und verwendet die reichlich entstehenden, rutenförmigen Stockausschläge.

6.3. Inhaltsstoffe
Der bekannte Wirkstoff des Baumes ist das ätherische Kampfer-Öl. Es hat eine sehr komplizierte chemische Zusammensetzung, aus der sich eine reine Substanz, der für uns wertvolle Kampfer, absondern läßt.

6.4. Arzneilich verwendete Pflanzenteile
Zur Gewinnung des ätherischen Öls werden alle Teile des Baumes verarbeitet. Sämtliche Blätter, Zweige und Hölzer können verwendet werden, da der Baum in all seinen Organen die wichtigen Ölzellen führt, die Kampfer enthalten. Durch die Zerkleinerung und Destillation wird reichlich kristalliner Kampfer abgesondert, der dann durch Sublimation gereinigt wird. Kampfer-Öl wird heute außerdem oft synthetisch, aus den Inhaltsstoffen des Terpentin-Öls, gewonnen.

6.5. Heilwirkung und Anwendung
Wissenschaftlich nachgewiesen wurden die Wirkung des Kampfers auf Herz, Lunge und Kreislaufsystem. Trotzdem ist seine innere medizinische Anwendung stark rückläufig.
Nur in der Homöopathie wird mit Camphora gearbeitet. Bei krampfartigen Zuständen, Koliken oder einer beginnenden Erkältung ist Camphora D3 das Mittel der Wahl.

Die moderne Pharmaindustrie empfiehlt Kampfer als äußerlich anzuwendendes Mittel bei Rheuma sowie bei Erkrankungen, die durch eine verstärkte Hautdurchblutung bekämpft werden sollen. Sehr geläufige Präparate sind neben den Schwedenkräutern Kampferspiritus oder Franzbranntwein, die als gute Hausmittel bei Rheuma und Schmerzzuständen gelten. Außerdem ist Kampfer in verschiedenen Salben und Cremes enthalten, wo er in Verbindung mit Lavendel-Öl, Rosmarin-Öl, Thymian-Öl oder Ameisensäure verarbeitet wird.

6.6. Nebenwirkungen

Kampfer sollte nie ohne Rücksprache mit einem Facharzt oder Heilkundigen innerlich eingenommen werden. Überdosen führen nicht selten zu Schweißausbrüchen oder Bewußtlosigkeit. Zum Einreiben bestimmte Kampferpräparate führen zu Vergiftungsanfällen, wenn sie getrunken werden. Wird Kampfer in zu konzentrierter Form auf die intakte Haut aufgetragen, kommt es zu Rötungen, Brennen und Entzündungen. Bei sehr empfindlicher Haut ist vom äußeren Gebrauch des Kampfer ganz abzuraten.

7. Rhabarber (Rhei Radix)

Was die meisten nicht wissen, ...
ist, daß die Blattstiele der vermutlich aus dem Tibet stammenden Rhabarberstaude eigentlich ein Gemüse sind. In unseren Breiten verarbeitet man sie zu schmackhaftem Kompott oder Marmelade, welches ihr den vermeintlich falschen Ruf einer Frucht eingebracht hat.

Der der Familie der Knöterichgewächse zugeordnete Rhabarber ist eine uralte Heilpflanze. Die chinesische Medizin wußte schon im Jahre 2700 vor unserer Zeitrechnung von einer großen, heilbringenden Wurzel zu berichten. Gemeint waren damit die getrockneten Wurzelstöcke des Rhabarbers. In Europa wurde erst viel später der Pontische Rhabarber und der Krause Rhabarber heimisch. Beide wurden zu Heilzwecken kultiviert. Erst um das 18. Jahrhundert begannen die Engländer damit, Krausen und Bulgarischen Rhabarber sowie die aus ihnen hervorgehenden Kreuzungen anzubauen. Heute wird ein speziell für Heilzwecke gezüchteter Rhabarber mit dem Namen Medizinalrhabarber (R. palmatum var. palmatum) angebaut und verarbeitet.

7.1. Botanik

Weltweit zählt man bis heute etwa 60 verschiedene Rhabarberarten. Seine Ursprünge liegen in den Gebirgen Nordchinas und im Tibet, wo er in wildwachsenden Beständen vorkommt und auch durch Wildsammlung geerntet wird. China gilt als das größte Exportland der Pflanze.

Aussehen und Wuchs

Der arzneiliche Rhabarber ist eine übermannshohe Staude, die bis zu 3 Meter hoch werden kann. Im ersten Wachstumsjahr bildet er nur eine starke, fleischige Wurzel aus, die sich in den nächsten Jahren zu einem kräftigen Wurzelstock mit zahlreichen langen Nebenwurzeln und einer Vielzahl von Knollen entwickelt. Seine leicht gekräuselten, großen Grundblätter befinden sich an langen Stielen und erscheinen beim Betrachten herzförmig. Seine Zugehörigkeit zur Familie der Knöterichgewächse beweist er durch den für diese Gattung typischen Stengelknoten. Der bis zu zwei Meter hohe Blütenschaft erblüht etwa zwischen Mai und Juni, in Form einer mächtigen Rispe mit einer Vielzahl weißlicher Blütenstände. Die winzigen, zarten Blüten sind büschelförmig angeordnet und befinden sich in den kegelförmigen Achseln der Hochblätter. In dieser Zeit sieht der Medizinalrhabarber dem Gartenrhabarber zum Verwechseln ähnlich.

7.2. Ernte und Aufbereitung

Rhabarberpflanzen vertragen schattige Standorte, fordern aber einen nährstoffreichen und feuchten Boden. Bei uns in Deutschland werden sie durch vorgezogene Setzlinge oder durch die Teilung älterer Büschel vermehrt. Dazu setzt man sie entweder im Herbst oder im zeitigen Frühjahr in einem Raster von 100 mal 100 Zentimetern in den Boden ein. Ausgegraben werden die Wurzelstöcke in einem Alter zwischen sechs und zehn Jahren. Erst dann sind sie kräftig genug, um den medizinischen Ansprüchen einwandfrei zu entsprechen. In noch frischem Zustand werden sie geschält, in Stücke geschnitten an der Sonne, am Ofen oder auch über offenem Feuer getrocknet.

7.3. Inhaltsstoffe

Mehrere Anthranoide, darunter Sennoside, kondensierte Gerbstoffe und verschiedene Bitterstoffe sind die wirksamen Bestandteile des Arznei-Rhabarbers.

7.4. Arzneilich verwendete Pflanzenteile

Für medizinische Zwecke werden nur die Wurzelstöcke des Rheum palmatum (Medizinal-Rhabarber) und die einiger anderer Sorten verwendet. In keinem Fall jedoch die des handelsüblichen Speiserhabarbers. Nach Meinung der Fachleute eignet sich der Shensi-Rhabarber am besten zur arzneilichen Verarbeitung. Der bei uns in Europa kultivierte Pontische Rhabarber steht der Wirkung des echten Rhabarbers etwas nach.

7.5. Heilwirkung und Anwendung

Noch vor einigen Jahren fand man die Wurzelstücke des arzneilichen Rhabarbers in Abführmitteln oder Schlankheitstees. Heute werden fast nur noch Präparate entwickelt, in denen Rhabarber-Wurzeln als Pulver oder Extrakt verarbeitet werden. In höheren Dosen verordnet, wirkt die Pflanze als beschwerdefreies Abführmittel, dessen Angriffspunkte im Dickdarm liegen. Nimmt man vor dem Schlafengehen drei bis vier Messerspitzen des Pulvers ein, so erfolgt nach rund sieben bis acht Stunden die abführende Wirkung. In kleineren Dosen, bis 0,5 Gramm, hat sich der Medizinal-Rhabarber auch bei Magen- und Darmkatarrhen als sehr hilfreich erwiesen, denn bei geringerer Dosierungsmenge, etwa einer Messerspitze voll, überwiegt der stopfende Gerbstoffeffekt. Aber auch bei Aufstoßen, Sodbrennen und Appetitlosigkeit wird Arznei-Rhabarber angewendet: Hierzu wird meist ein Tee aus 1/2 bis 1 Teelöffel der zerkleinerten Pflanze mit 150 Milliliter Wasser zubereitet. Bei Beschwerden empfiehlt es sich, mehrmals täglich 1 Eßlöffel vom Tee einzunehmen.

In der Homöopathie spielt Rheum eine große Rolle. Entsprechend dem Heilprinzip »Ähnliches wird mit Ähnlichem geheilt« wird hier eine abführende Droge gezielt als Stopfmittel verwendet, wenn übelriechender Durchfall zu behandeln ist.

7.6. Nebenwirkungen

Nebenwirkungen sind bei therapeutisch verordneten Dosen, bestimmungsgemäßem Verbrauch und kurzfristiger Anwendung nicht zu befürchten. Sollten dennoch Magen- oder Darmbeschwerden auftreten, ist zu einer Dosisreduktion zu raten. Menschen, die Rhabarber nicht vertragen, könnten über Reizungen der Haut oder der Schleimhäute klagen. Diese Nebenwirkungen lassen aber nach dem Absetzen des entsprechenden Mittels sehr schnell nach. Bei lang andauerndem Gebrauch ist mit Kaliumverlust des Körpers zu rechnen. Schwangere und stillende Frauen sollten Rhabarber deshalb generell meiden. Hinweis: Der Urin kann während des Gebrauchs eine gelbbraune bis rote Farbe annehmen, was aber harmlos ist.

8. Sennes-Pflanze (Cassia senna L.)

Die Sennes-Pflanze liefert der Medizin bzw. der Pflanzenheilkunde gleich zwei anzuwendende Pflanzenteile: Sennes-Blätter und Sennes-Früchte. Beide sind Bestandteile einer Fülle von Fertigarzneimitteln. Da es in den letzten Jahren eine heiße Diskussion um die freie Verwendung und die erhoffte Wirksamkeit anthrachinonhaltiger Kräuter gab, sind die Blätter als auch die Früchte der Pflanze seit November 1990 bei uns nicht mehr frei verkäuflich. Ausnahme: Als Bestandteil der Schwedenkräuter gelten Sennesblätter nach wie vor als wirksames und unverzichtbares Naturheilmittel.

8.1. Botanik
Der zur Familie der Schmetterlingsblütler gehörende Halbstrauch gedeiht wildwachsend am besten in Randgebieten von Wüsten. Seine Ursprünge liegen in Ostafrika und Jemen. Heute weiß man, daß die arzneilich verwendeten Teile der Pflanze von zwei verschiedenen Arten stammen. Die Tinnevelly-Senna mit dem botanischen Namen Cassia angustifolia hat ihre Heimat in Arabien und Somalia. Kultiviert wurde diese Art erstmals im Süden Indiens, vorrangig im Distrikt Tinnevelly. Die Blätter dieses 1,50 Meter hohen Strauches sind sechs- bis achtjochig (paarig gefiedert) und durch kurze Stachelspitzen gekennzeichnet. Die zweite Art, Cassia senna, wächst weit verbreitet zwischen dem Sudan und Westafrika. Den kultivierten Anbau dieser Pflanze findet man am oberen Nil. Sie kann ebenfalls zu einer Größe

von 1,50 Metern heranwachsen und unterscheidet sich von der ersten Art nur durch die Blätter. Diese sind im Gegensatz zur Cassia angustifolia nur halb so lang und drei- bis fünfjochig. Die Blüten, die beide Arten ausbilden, unterscheiden sich nicht voneinander. Sie sind strahlend gelb und traubenförmig angeordnet. Aus ihnen entwickeln sich die braunen, vier Zentimeter langen Schotenfrüchte.

8.2. Ernte und Aufbereitung

Gegen Ende des Sommers, wenn die Blätter voll entwickelt sind, werden die Zweige des Strauches abgebrochen und an der Sonne getrocknet. Die Nebenblätter werden von den Hülsen abgesondert. Nur noch selten wird die Ernte von wildwachsenden Pflanzen eingebracht, ein Großteil der Droge stammt aus kultiviertem Anbau. Als Vorsichtsmaßnahme schreibt das Europäische Arzneibuch eine Qualitätsprüfung der Ernte vor. Sennes-Blätter wie -früchte müssen einen Mindestgehalt von 2,5 Prozent Anthranoiden aufweisen und vor der Einfuhr bzw. der Weiterverarbeitung auf ihren Vorratsschutzmittelgehalt, besonders Insektizide, überprüft werden.

8.3. Inhaltsstoffe

Die bedeutendsten und wirksamsten Inhaltsstoffe der Sennes-Pflanze sind:

- 2–3% glykosidisch gebundene sowie freie Anthranoide, darunter die Sennoside A, B, C und D
- Flavonoide, die dem Sennesblätter-Tee seine gelbe Färbung geben
- harzartige Substanzen
- Pflanzenschleim aus den Blättern

8.4. Arzneilich verwendete Pflanzenteile

Wie schon erwähnt, werden Blätter und Früchte des Sennes-

Strauchs verwendet. Man findet sie als Zusatz in einer Vielzahl von Naturheilmitteln und in pharmazeutischen Arzneipräparaten. Hier kommen sie in gepulverter Form oder als Extrakt vor. Am gebräuchlichsten sind Teemischungen mit Sennes-Blättern.

8.5. Heilwirkung und Anwendung

Sennes-Blätter in Form von Abführtees gehören zu den wirkungsvollsten und zuverlässigsten Abführmitteln. Liegt eine akute Verstopfung vor, deren Ursachen in Bettlägerigkeit, Nahrungsumstellung, Klimawechsel oder enormem Streß zu suchen sind, wird auch heute häufig Sennesblätter-Tee verordnet. Es muß jedoch immer wieder deutlich darauf hingewiesen werden, daß Sennesblätter wie auch alle anderen Abführmittel nur für den kurzzeitigen Gebrauch zu empfehlen sind. Um jegliche Überdosierung auszuschließen, eignet sich ein Kaltansatz, bei dem 1/4 Liter kaltes Wasser auf einen Teelöffel Sennesblätter gegeben wird. Der Tee muß 24 Stunden ziehen und sollte, um eine unerwünschte Vermehrung von Keimen zu verhindern, am besten im Kühlschrank aufbewahrt werden. Nach dem Abseihen kann, wenn möglich vor dem Schlafengehen, eine Tasse davon getrunken werden. Die erwünschte Wirkung tritt nach etwa 7-8 Stunden ein.

Das Bundesgesundheitsamt empfiehlt den Einsatz von Sennesblättern als Abführmittel außerdem bei Hämorrhoiden und nach rektalen operativen Eingriffen, um eine leichte Darmentleerung mit weichem Stuhl herbeizuführen.

8.6. Nebenwirkungen

Vom Dauergebrauch pflanzlicher Abführmittel ist generell abzuraten. Werden sie länger als eine Woche eingenommen, kommt es zu Darmreizungen und starken Kaliumverlusten. Sennesblätter-Präparate sollten auch bei Darmverschluß, während einer Schwangerschaft und in der Stillzeit strikt gemieden werden.

9. Safran (Crocus sativus L.)

Safran gilt als das teuerste Gewürz der Welt. Es müssen circa 150000 Blütennarben geerntet werden, um 1 Kilogramm Safran zu erhalten. Wegen des hohen Preises kommt er manchmal billiger, dafür aber verfälscht durch die Zugabe gelb-oranger Ringelblumenblüten oder mit Ziegelpulver vermischt, in den Handel. Im Mittelalter wurden derartige Panschereien mit dem Feuertod bestraft.

9.1. Botanik

Der ursprünglich in Kleinasien beheimatete zarte Herbstblüher gehört zur Familie der Schwertliliengewächse. Bei uns findet man ihn in Gärten und verwilderten Kulturen. Seine Heimat ist der Mittelmeerraum, wo er in weiten Teilen kultiviert wurde. Nach Meinung vieler Fachleute kommt der beste Safran aus dem Haupterzeugerland Spanien. Dort wird er vor allem auf der Hochebene La Mancha angebaut. Aus der Wurzelknolle dieser zarten Pflanze sprießen im Frühjahr, während der Wachstumszeit, schmale, grüne Blätter mit einem hellen Mittelstreifen. Sie umschließen die violetten, trichterförmigen Blüten, die zwischen September und Oktober zum Vorschein kommen. In ihnen befindet sich jeweils ein Griffel, der drei rotleuchtende Narben trägt. Die Narben werden zwischen zwei und vier Zentimeter lang und hängen dann über die Blüte hinaus.

9.2. Ernte und Aufbereitung

Die Ernte der Blütennarben erfolgt im Herbst, wenn die Blüten sich völlig geöffnet haben. Sie ist sehr mühsam, da jede einzelne Narbe von Hand ausgerissen werden muß. Danach wird das wertvolle Sammelgut sehr behutsam auf großen Haarsieben ausgebreitet und vorsichtig über einem Holzfeuer getrocknet. Die trockenen Safrangriffel werden auch als Ferminell bezeichnet.

9.3. Inhaltsstoffe
In den Narben der Safranpflanze konnten folgende Inhaltsstoffe nachgewiesen werden:

- aromatisches ätherisches Öl mit Safranal
- der Bitterstoff Picrocrocin
- wasserlöslicher Karotinoidfarbstoff bestehend aus Crocin und Crocetin
- Riboflavin
- ein hoher Gehalt an Vitamin B2

9.4. Arzneilich verwendete Pflanzenteile
Ausschließlich die Narbenschenkel des Crocus werden arzneilich verwendet. Sie werden in verschiedenen Zubereitungen wie der Tinctura croci oder der Tinctura Opii crocata verarbeitet.

9.5. Heilwirkung und Anwendung
Schon auf den Papyrusrollen von Ebers und im Hohelied König Salomons wird der Safran wegen seiner Heilwirkungen gerühmt. Arabische Heilkundige verabreichten ihn als menstruationsförderndes und krampflösendes Mittel. Bis in die Zeit des Mittelalters und der Renaissance blieb er eine typische Medizinalpflanze und wurde gegen vielerlei Leiden verordnet. Heute weiß man, daß Safran bei Erschöpfungszuständen aller Art hilfreich eingesetzt werden kann, da er kräftigend auf das Herz- und Nervensystem wirkt. Durch die Stimulierung aller Drüsen und Organe wird die

Magensaftproduktion angeregt. In geringen Mengen verabreicht, glättet und kräftigt er die Uterusmuskulatur und reguliert dadurch die Menstruation. In der Homöopathie wird Safran bei Symptomen wie innerer Unruhe und depressiven Gemütszuständen verordnet. Auch in der Gewürzheilkunde wird er aufgrund seiner kräftigenden und aphrodisierenden Wirkung sehr geschätzt. So werden zum Beispiel Reisgerichte, Pudding, Kuchen, Brote, Saucen und Suppen mit frischen Safranfäden gewürzt.

9.6. Nebenwirkungen

Wird der Safran in den als Gewürz, Arznei- oder Färbemittel üblichen Dosen eingesetzt, können keine unerwünschten Nebenwirkungen auftreten. Erst der Verzehr von mehr als drei Gramm Safran kann zu Vergiftungserscheinungen führen. Diese machen sich durch Erbrechen, Schwindel, Durchfall, Bewußtseinsstörungen oder Gebärmutterblutungen bemerkbar. Schwangere sollten Safran generell meiden, da er Gebärmutterkontraktionen auslösen kann.

10. Myrrhe (Commiphora molmol Engl.)

Nach einer alten Sage hat der Baum seinen Namen von dem Mädchen Myrrha. Einst soll sie von der Göttin Aphrodite zum Inzest mit ihrem Vater verführt worden sein. Als der Vater sie deshalb im Zorn töten wollte, bekam die Göttin Mitleid und verwandelte das Mädchen in einen Baum – die Myrrhe.

Neben Weihrauch, Narde, Rose, Mastrix, Galbanum und Ysop gehörte Myrrhe einst zu den sieben königlichen Ölen, mit denen die jüdischen Könige gesalbt wurden. Es durfte ausschließlich von Priestern und Priesterinnen verwendet werden und gehörte damals zu den wertvollsten Duftstoffen der Welt.

10.1. Botanik

Die Myrrhe gehört zu den Balsamstrauchgewächsen. Man findet sie in den großen Trockengebieten Ostafrikas und Arabiens. Anbau- und Sammelländer sind Äthiopien, Jemen, Somalia und der Sudan. Zur Drogengewinnung nutzt man verschiedene Arten der Commiphora-Gattung. Es gibt Myrrhebüsche, die circa 3 Meter hoch werden und durch kleine gedrehte Blättchen gekennzeichnet sind. Sie bilden rispenartig angeordnete Blütenstände aus. Dagegen entwickelt sich die arabische Myrrhe zu einem bis zu 10 Meter hohen Baum, der reichlich mit Dornen bewehrt ist.

10.2. Ernte und Aufbereitung

Die in der Rinde vorhandenen Sekretgänge der Pflanze enthalten den wertvollen Milchsaft. Ist genügend vorhanden, tritt er meist ohne äußere Beeinflussung heraus. Nur in wenigen Fällen muß die Rinde verletzt bzw. eingeritzt werden, um den Austritt des Pflanzensafts herbeizuführen. Hat die Luft den graubraunen bis gelbbräunlichen Gummiharz getrocknet, werden die nußgroßen Stücke von Sammlern geerntet.

10.3. Inhaltsstoffe

Die wichtigsten Inhaltsstoffe der Myrrhe sind:

● etwa 15% ätherisches Öl
● bis zu 40% Harze
● Schleim, Gummi und Pektine

10.4. Arzneilich verwendete Pflanzenteile

Der zu medizinischen Zwecken verarbeitete Pflanzenbe-

standteil ist das aus der Rinde austretende, luftgetrockne-
te Gummiharz. Die gesammelten Stücke haben eine glänzende Bruchfläche und sind meist rötlich-braun oder bern-
steinfarben. Sie duften sehr aromatisch, lassen aber beim
Probieren einen würzigen, sehr bitteren Geschmack erkennen.

10.5. Heilwirkung und Anwendung

Myrrhe gilt nach wie vor als ein sehr wirkungsvolles Heilmittel. Es wirkt sowohl indirekt keimhemmend, indem es die
weißen Blutkörperchen anregt, als auch direkt keimtötend.
Äußerlich angewendet, nutzt man die antiseptischen Heileigenschaften der Myrrhe in Form von Absud oder Tinktur:
● als Spül- und Gurgelmittel für alle Beschwerden im Mund-
   bereich wie Zahnfleischprobleme oder Mundgeschwüre
● für alle katarrharischen Beschwerden wie Rachen- oder
   Nebenhöhlenentzündungen
● bei Beschwerden der Atmungsorgane
● bei Abschürfungen und Wunden
Für den Absud setzt man sechs Eßlöffel Myrrhe in einem Liter kaltem Wasser an, erhitzt das Gemisch anschließend
und läßt es etwa fünf Minuten kochen. Nach 15minütigem
Ziehen wird das Kraut abgeseiht und der so entstandene Absud mehrmals täglich zum Gurgeln oder Mundspülen verwendet.
Noch einfacher ist die Tinktur: Hier gibt man einen Teelöffel Myrrhe auf ein Glas Wasser. Die Tinktur wird dann für
Zahnfleisch- und Wangenschleimhautpinselungen verwendet.

10.6. Nebenwirkungen

Bei bestimmungsgemäßem Gebrauch der Myrrhe-Tinktur
sind bei der äußerlichen Anwendung keine Nebenwirkungen
zu befürchten.

11. Zittwerwurzel (Curcuma zedoaria)

»... Ein Mensch, der an seinen Gliedern zittert, das heißt bebt, und in dem die Kraft mangelt, der schneide Zitwer in Wein und füge etwas weniger Galant bei, und dies koche er mit ein wenig Honig in Wein und trinke das lauwarm, und das Zittern weicht von ihm, und er erhält die Kraft wieder.«

Unbekannter Autor

11.1. Botanik

Zittwer ist ein Strauch der asiatischen Tropen und gehört zur Familie der Ingwergewächse. Die Droge stammt aus Anbaugebieten in Indien, Ceylon und Sri Lanka. Die Zittwerwurzel ist sehr hart und kann einen Durchmesser von bis zu 4 Zentimetern erreichen. Betrachtet man die graue, schrumplig-korkige Außenseite etwas genauer, kann man zahlreiche Wurzelnarben erkennen. Der gesamte Wurzelstock ist in eine Korkschicht eingebettet, die aus mehreren dünnwandigen Zellschichten besteht. Sowohl in der Rinde als auch im Zentralstrang der Wurzel findet man eine Vielzahl kugeliger Sekretzellen mit farblosem oder gelblich-braunem Inhalt. Geruch und Geschmack der Zittwerwurzel erinnern an Kampfer, ist aber etwas bitterer als dieser.

11.2. Ernte und Aufbereitung

Nach der Ernte werden die knolligen Zittwer-Wurzeln in Querscheiben oder Längsviertel geschnitten und dann getrochnet. Durch Zermahlen der Wurzelstücke erhält man ein graubraunes, sehr grobkörniges Zittwer-Pulver. Gute Qualität läßt sich durch einen Verbrennungstest nachweisen.

11.3. Inhaltsstoffe
Hauptbestandteil der Zittwer-Wurzel ist das ätherische Öl mit Sesquiterpenalkoholen. Etwa 10 Gramm des Wurzelstockes müssen bei der Gewinnung des ätherischen Öles mindestens 0,8 Gramm ätherisches Öl liefern.

11.4. Arzneilich verwendete Pflanzenteile
Verwendet werden nur die Wurzeln – Rhizoma Zedoariae. Die daraus gewonnene Droge ist der Kurkuma sehr ähnlich und wird in der Naturheilkunde auch ähnlich wie diese verwendet.

11.5. Heilwirkung und Anwendung
Die Pflanze wird meist als Magen-, Galle- und Lebermittel verordnet. Durch die Einnahme wird die Magensaftsekretion angeregt. Bei entsprechenden Beschwerden verordnet man 10 Tropfen auf 1/2 Glas Wasser jeweils vor dem Essen.

11.6. Nebenwirkungen
Bei bestimmungsgemäßem Verbrauch sind bis heute keinerlei Nebenwirkungen bekannt.

12. Manna-Esche (Fraxinus ornus L.)

»Die Rindenasche, mit Wasser vermischt zu einem Brei und diesen aufgestrichen, vertreibt den Grind, die Räude und alle Hautunreinigkeiten / die Rinde auf frische, blutende Wunden gebunden, zieht sie zusammen / die Rinde in Essig gesotten und den Absud löffelweise eingenommen, sowie in den Absud einen Schwamm tränken, mäßig ausgepreßt, warm über den Magen gelegt, behebt das Ausbrechen (Brechreiz).«

Aus dem Kräuterbuch des Dr. Matthiolus (1626)

12.1 Botanik

Als Manna wird der getrocknete Saft der Manna-Esche, einer hauptsächlich auf Sizilien, der Krim und im Kaukasus vorkommenden Eschenart, bezeichnet.

Die Manna-Esche gehört zur großen Gattung der Ölbaumgewächse. Der große, bis zu 10 Meter hohe Baum besitzt eine sehr glatte graue Rinde. Seine saftig-grünen Blätter stehen unpaarig gefiedert in überhängenden, großen Rispen zusammen. Während der Blütezeit kommen viele kleine, gelblich-weiße Blüten zum Vorschein.

12.2. Ernte und Aufbereitung

Ähnlich wie Baumharz wird das Mannit gewonnen: Durch Einschnitte in die Rinde des Baumes kommt es zum Austreten eines Saftes, der in Behältern aufgefangen wird. Der Saft wird an der Luft getrocknet, und es entstehen abgerundete kristalline Stücke mit blaßgelber Färbung.

12.3. Inhaltsstoffe

Die wirksamsten Inhaltsstoffe sind:

● etwa 90% Mannit
● Glukose
● Fructose
● Zucker
● Harz
● Schleim und das Glykosid Fraxin

12.4. Arzneilich verwendete Pflanzenteile

Verwendet wird der eingetrocknete Siebröhrensaft der Manna-Esche. Er ist in Wasser leicht löslich, riecht nach Honig und schmeckt sehr süß, so daß er auch von Kindern sehr gut eingenommen wird.

12.5. Heilwirkung und Anwendung

Manna wirkt leicht abführend, stuhlgangfördernd und wassertreibend. Es verhindert die Flüssigkeitsresorption im Dünndarm. In der Kinderheilpraxis kennt man vor allem den beliebten Manna-Sirup, eine abführende, 10prozentige Lösung der Droge in Zuckersirup.

12.6. Nebenwirkungen

Unerwünschte Nebenwirkungen sind bis heute nicht bekannt.

13. Theriak venezian

Zur Zeit des Paracelsus gehörte Theriak zu den kostbarsten und unentbehrlichen Heilmitteln.

Theriak heißt übersetzt »Arzneigemisch« und wurde im Mittelalter nach dem Biß giftiger Tiere, zum Beispiel von Schlangen, verabreicht.

Wie die Übersetzung schon vermuten läßt, handelt es sich bei Theriak nicht um eine einzelne Pflanze, sondern um mehrere, insbesondere herzstärkende Drogen, denen Opium beigemischt ist. Auch einige Bestandteile der Schwedenkräuter finden sich in dieser Mixtur noch einmal wieder.

In früheren Zeiten war Theriak außerdem ein beliebtes Mittel bei Zahn- und Kopfschmerzen, Husten, Entzündungen im Hals, Verdauungsbeschwerden und Menstruationsproblemen.

Theriak wird aus folgenden Pflanzenteilen zusammengemischt:

Fein gepulvertes Opium	10 Teile
Xereswein	60 Teile
Fein gepulverte Angelikawurzel	60 Teile
Fein gepulverte Schlangenwurzel	40 Teile

Fein gepulverter Baldrian	20 Teile
Fein gepulverter Cylonzimt	20 Teile
Fein gepulverte Meerzwiebel	20 Teile
Fein gepulverte Zitwerwurzel	20 Teile
Fein gepulverter Malabar-Kardamom	10 Teile
Mittelfein gepulvertes Ferrosulfat	10 Teile
gereinigter Honig	720 Teile

Zubereitung: Das Opium wird mit dem Xereswein angerieben, dann mit den anderen Bestandteilen gemischt, und anschließend die gesamte Mixtur im Wasserbad erwärmt. Dieser zusammengebraute Cocktail ist von schwarz-brauner Farbe und riecht würzig. Bei den oben genannten Beschwerden empfehlen alte Bücher als mittlere Arzneigabe 1 Gramm.

Die wichtigsten pflanzlichen Wirkstoffe

Ätherische Öle: Ätherische Öle sind meistens flüssige Pflanzeninhaltsstoffe mit aromatischem Geruch. Sie sind in Wasser nur schwer löslich, weswegen z. B. Kräutertees oder der gepreßte Saft oft nur Spuren an ätherischen Ölen enthalten. Um so besser löslich sind sie in Alkohol, wie z.B. Schwedenbitter oder Melissengeist. Ätherische Öle sind leicht flüchtig und sollten daher möglichst kühl (unter 20 Grad) aufbewahrt werden.
Ätherische Öle haben antibakterielle und entzündungshemmende Eigenschaften, regen den Appetit und die Gallenfunktion an. Sie wirken außerdem blähungs- und krampflösend, harntreibend sowie auswurffördernd bei Erkältungskrankheiten.

Anthranoide: Unter Anthranoiden versteht man Naturstoffe, die sowohl in kaltem Wasser als auch in Alkohol gut löslich sind. Anthranoide sind starke, dickdarmfördernde Abführmittel (Laxantien). Sie dürfen deshalb nur kurze Zeit bei einer vorübergehenden Darmträgheit eingenommen werden.

Reine Anthranoid-Arzneimittel (nicht Schwedenbitter) sind seit 1988 apothekenpflichtig und dürfen seit November 1990 nicht mehr frei verkauft werden.

Bitterstoffe: Bitterstoffe sind Stoffe, die die Bitter-Rezeptoren in den Geschmacksknospen am Zungenrand aktivieren und das Signal »bitter« auslösen.

Bitterstoffe sind in Wasser gut löslich und eignen sich deshalb gut für einen Teeaufguß. Allerdings sind Bitterstoffe hitzeempfindlich, d. h., bei längerem Kochen nimmt der Bitterwert ab.

Bitterstoffe wirken appetitanregend, indem sie die Speicheldrüsen anregen. Außerdem aktivieren sie über den Nervus vagus (Lungen-Magen-Nerv) auch die Magensaft- und Gallensekretion.

Flavonoide: Flavonoide (lat. flavus = gelb) sind meist gelbgefärbte Naturstoffe, die in vielen Pflanzenblüten und -blättern enthalten sind. Sie sind gut in Wasser und noch besser in Alkohol löslich. Flavonoide haben die Eigenschaft, die Durchlässigkeit der Gefäßwände zu normalisieren.

Flavonoide wirken vorbeugend und zum Teil auch heilend auf die Brüchigkeit der kleinsten Blutgefäße und verbessern die Kapillarelastizität. Sie sind außerdem harntreibend und krampflösend.

Gerbstoffe: Gerbstoffe sind Naturstoffe, die gut in heißem Wasser löslich sind und vor allem äußerlich (z. B. bei Bädern) angewendet werden.

Durch die Bildung einer Art äußeren Schutzschicht wirken Gerbstoffe reizmildernd und entzündungshemmend (z. B. bei Wunden und Sonnenbrand).

Hinzu kommt eine abdichtende Wirkung an den kleinsten Blutgefäßen, z. B. bei Zahnfleischbluten, und ein sekretionshemmender Einfluß auf die Schweißdrüsen.

Glykoside: Glykoside sind Stoffe, die sich in Wasser in einen Zuckeranteil und einen Nicht-Zuckeranteil spalten. Für das große Wirkungsspektrum verantwortlich ist der Nicht-Zuckeranteil: Glykoside sind herzwirksam und schleimlösend, sie wirken antientzündlich, abführend und schweißteibend.

Saponine: Saponine (sapor = Seife) sind wasserlösliche Pflanzeninhaltsstoffe, die sich im Wasser wie Seife verhalten und leicht schäumen. Sie wirken als Lösungsvermittler und erleichtern die Aufnahme von schlecht verdaulichen Nahrungsmitteln. Saponine haben außerdem die Fähigkeit, den zähen Schleim in den Atemwegen zu verflüssigen, so daß bei Atemwegserkrankungen und Bronchitis besser abgehustet werden kann.

Schleimstoffe: Schleimstoffe sind Stoffe, die zusammen mit Wasser eine zähflüssige Lösung bilden.
Schleimstoffe wirken aufgrund ihrer abdeckenden und einhüllenden Eigenschaften wie ein Schutzfilm und stark reizmildernd, z. B. bei entzündeter Rachen-, Magen- und Darmschleimhaut. Mediziner vermuten, daß es über den Lungen-Magen-Nerv zu einer indirekten reflektorischen Linderung von Reizhusten kommt. Schleimstoffe besitzen außerdem eine stark abführende Wirkung. Diese kommt durch den Quelleffekt der Schleimstoffe zustande, die durch Volumenzunahme auf die Darmwand drücken und dadurch eine Darmbewegung auslösen.

Verdauung – Was im Körper passiert

. . . .

Ein Erwachsener verzehrt pro Jahr etwa eine halbe Tonne Nahrungsmittel – und die muß verdaut werden! Wie das geht und was dabei im Körper passiert, soll im folgenden Kapitel erklärt werden.

Was ist Verdauung? Die meisten Menschen verstehen darunter, einmal am Tag auf die Toilette gehen zu können und Stuhlgang zu haben. Doch das ist nur der letzte Teil eines langwierigen Prozesses.

Verdauung umfaßt das gesamte Geschehen vom ersten Biß in ein Stück Brot bis zum Ausscheiden des vom Brot übriggebliebenen Endproduktes aus dem Darm. Dazwischen erfolgt die chemische Spaltung von Nahrungsstoffen – Eiweiße, Kohlenhydrate oder Fette – in eine für die Körpersäfte geeignete Form, so daß die Zellen sie zu körpereigenen Substanzen aufbauen können. Das System, in dem diese Folge von chemischen Prozessen abläuft, ist der Verdauungstrakt – ein ungefähr acht Meter langer Schlauch, der vom Mund über die Speiseröhre durch den Magen und Darm bis zum After reicht.

Die Verdauung setzt also in dem Moment ein, wenn wir ein Nahrungsmittel in den Mund stecken. In den nun folgenden Schritten werden die Nahrungsmittel in ihre chemischen Bestandteile zerlegt, und zwar so lange, bis sie wasserlöslich werden. Nur auf diese Weise können sie nämlich die Darmwände passieren und über die Blutgefäße und das Lymphsystem in die Zellen gelangen. Für diesen lebensnotwendigen Zersetzungsprozeß von fester Nahrung bis zum wasserlöslichen Nährsaft sind in unserem Körper vom Mund bis hin zum Dünndarm Drüsen verteilt, die Enzyme bzw. Fermente absondern, die diese Verdauungsarbeit leisten. Dabei greifen diese Enzyme jeweils in ganz spezifischer Weise ein, um die Inhaltsstoffe der Nahrung bis auf ihre chemischen Bestandteile abzubauen. Sie werden hierbei von Bakterien unterstützt, die den Enzymen helfen, die Nahrungsmittel zu zerlegen.

Grundsätzlich unterscheiden wir drei Formen von Nahrungsstoffen, die auf unterschiedliche Weise aufgeschlossen werden:

Kohlenhydrate wie Zucker, Brot oder Nudeln müssen in wasserlösliche Monosaccharide zerlegt werden. Bereits im Mund setzen die Speicheldrüsen zwei Enzyme frei, die diese Arbeit leisten – vorausgesetzt, man läßt ihnen durch ausgiebiges Kauen genügend Zeit. Trotzdem gelangen aber immer wieder Nahrungsteile in die Speiseröhre, die von den Enzymen der Speicheldrüse nicht erfaßt werden können. Aber das ist kein Problem. Weitere Enzyme in der Bauchspeicheldrüse und vor allem im Zwölffingerdarm warten schon darauf, den Rest der Nahrung zu zerlegen. Die letzte Instanz des Verdauungssystems, der Dünndarm, hilft mit seinen Enzymen, die Nahrung so aufzubereiten, daß sie die Darmwände passieren kann.

Eiweiß, enthalten in Fleisch, Milch oder Eiern, besteht aus Aminosäuren. Diese sind wasserlöslich. Über entsprechende Zwischenstufen werden bei der Verdauung alle Eiweißstoffe zu kleinsten Aminosäuren zerlegt.

Fette wie Butter, Schmalz oder Öle bilden den für den Körper am schwersten verdaulichen Teil der Nahrung. Zwar läßt sich das im Essen enthaltene Fett in das wasserlösliche

Glyzerin und in Fettsäuren aufspalten, aber die Fettsäuren brauchen die massive Hilfe der Gallensäure, um die Darmwände passieren zu können.

Vor diesem Hintergrund läßt sich vorab schon eine Schlußfolgerung ziehen: Eine Nahrung ist um so gesünder, je leichter sie von den Enzymen des Körpers verarbeitet werden kann, um durch die Darmwände hindurchzukönnen. Je fettarmer gegessen wird, desto besser ist das für den Körper. Ein verdauungsfreundlicher Speiseplan sollte deshalb vor allem frisches Obst und Gemüse, Vollkornprodukte sowie mageres, weißes Fleisch von Huhn oder Truthahn enthalten.

Umgekehrt ist völlig klar, daß bei oft fettreicher Ernährung die Arbeit der Enzyme erschwert wird. Auf die Dauer können so Störungen des Immunsystems der Darmflora nicht ausbleiben, da die Nahrungsmittel nicht mehr in einem ausgewogenen Verhältnis zerlegt werden. Die Folge sind Stoffwechselstörungen, die sich auf den gesamten Organismus auswirken und unterschiedlichste Krankheiten hervorrufen können.

Vom Mund zum Darm: Eine Reise durch den Körper

1. Mund und Speiseröhre

Die Verdauungsreise startet im Mund. Hier wird die Nahrung mechanisch zerkleinert, durchgekaut und mit Speichel – einer wässrigen Flüssigkeit, die das Enzym Amylase enthält und Stärke in Zucker spaltet – vermischt. Der Speichel macht den Bissen weich und gleitfähig. Bis zu anderthalb Liter werden davon pro Tag abgesondert. »Hauptlieferanten« sind drei große Drüsen in Mundnähe, die durch den Geruch, den Geschmack oder auch nur den Gedanken an ein bestimmtes Essen angeregt werden.

Die Nahrung wird dann geschluckt und mit Hilfe der Peristaltik (wellenartige Bewegung) durch die Speiseröhre hinunter zum Magen geschoben.

2. Magen

Der Magen eines durchschnittlichen Erwachsenen faßt anderthalb bis zwei Liter Inhalt und stellt alle 24 Stunden dieselbe Menge an »Magensäften« her. Der Magen spielt verschiedene Rollen bei der Verdauung:

Er speichert die aufgenommene Nahrung und zerkleinert sie mit seinen typisch wellenartigen Bewegungen. Außerdem leitet er die Eiweißverdauung ein.

In der Magenschleimhaut sitzt eine große Anzahl magensaftzersetzender Drüsen. Der Magensaft enthält verschiedene Substanzen, die für die Verdauung wichtig sind. Dabei werden drei verschiedene Zellarten von Magendrüsen unterschieden:

● Die Nebenzellen – sie liefern Schleim, der die Magenwand vor dem aggressiven Magensaft schützt.

● Die Hauptzellen – sie stellen Pepsinogen her, die inaktive Vorstufe eines Enzyms, das bei der Eiweißverdauung eine wichtige Rolle spielt.

● Die Belegzellen – sie sondern Salzsäure und vermutlich auch den Intrinsinc-Faktor ab. Die Salzsäure spielt als Aktivator von Pepsin eine Rolle. Darüber hinaus zerstört sie die mit der Nahrung eingedrungenen Bakterien. Der Intrinsic-Faktor muß gebildet werden, damit im Dünndarm das Vitamin B12 von den Dünndarmzotten aufgenommen und vom Körper verwertet werden kann.

In seiner Form ähnelt der Magen einem flachen, birnenförmigen Beutel, der unterhalb des Zwerchfells quer im Oberbauch liegt. Wo sich dieser Beutel am stärksten wölbt, mündet die Speiseröhre in den Magen: Diese Stelle heißt

Mageneingang (Kardia). An der schmalsten Stelle liegt der Magenpförtner (Pylorus), ein Ringmuskel, der den Übergang vom Magen zum Zwölffingerdarm normalerweise verschlossen hält und sich nur öffnet, wenn eine Portion Speisebrei vom Zwölffingerdarm angefordert wird. Während die geschluckten Speisen im Magen darauf warten, schubweise in den Zwölffingerdarm befördert zu werden, beginnen bereits die Verdauungsvorgänge. Die Magenschleimhaut sondert Magensaft ab, der Salzsäure und das Verdauungsferment Pepsin enthält. Beide dienen dazu, die in der Nahrung vorhandenen Eiweißstoffe zu zerlegen. Zugleich führt die Muskulatur der Magenwand kräftige Bewegungen aus, die den Speisebrei durcheinandermengen. Wie lange der Speisebrei normalerweise im Magen bleibt, hängt von der Verdaulichkeit der Nahrung im Darm ab: Kohlenhydrate gibt der Magen schon nach zwei Stunden an den Zwölffingerdarm weiter, Eiweiße folgen eine Stunde später. Die Fette sind schwer verdaulich und bleiben bis zu fünf Stunden im Magen.

3. Darm

Der Darm ist ein weiches, langes, in Schlingen gelegtes Rohr, das innen mit einer Schleimschicht ausgekleidet ist und in seiner Wand mehrere Schichten von Muskelfasern enthält, die für die Durchmischung des Darminhalts mit den Verdauungssäften sowie für seine Weiterbeförderung sorgen. Der wichtigste Abschnitt des Verdauungsweges ist der etwa vier Meter lange, schlauchförmige Dünndarm: Hier werden die in einfache Bestandteile zerlegten Nahrungsmittel von den Epithelzellen des Darmes aufgenommen und gelangen ins Blut. Man unterscheidet am Dünndarm drei Abschnitte: den Zwölffingerdarm, den Leerdarm und den Krummdarm.

Zwölffingerdarm

Hier findet die eigentliche Verdauung der Nahrung nach ihrer Aufschließung im Magen statt. Der Chymus (Speisebrei im Magen) wird im Zwölffingerdarm mit einer ganzen Reihe von Enzymen vermischt, die von der Bauchspeicheldrüse produziert werden: Das Enzym Lipase spaltet Fette in Glyzerin und Fettsäuren auf. Amylase, ein weiteres Enzym der Bauchspeicheldrüse, zerlegt Kohlenhydrate (Stärke) in Maltose, ein Disaccharid Trypsin und Chymotrypsin, ebenfalls Enzyme der Bauchspeicheldrüse, zerlegen die Proteine in Polypeptide und Peptide.

Der Dünndarm ist außen vom Bauchfell überzogen, dann folgt eine Schicht glatter Muskulatur, die die wellenförmige Bewegung des Darms ausführt, und schließlich die Schleimhaut. Die Innenwand des Dünndarms ist in viele winzige Darmzotten gefaltet, die seine Oberfläche stark vergrößern und zur Aufnahme der Nahrungsstoffe dienen. Spezielle Drüsen in der Darmwand sondern Enzyme ab: Maltase, Sukrase und Lactase zerlegen die Kohlenhydratmoleküle weiter in kleinste Zuckermoleküle. Dipeptidase und Aminopeptidase spalten die großen Proteinmoleküle zu einzelnen Aminosäuren. Nur in dieser Form können die Nährstoffe von den Zellen der Dünndarmschleimhaut aufgenommen werden und so in den Blutkreislauf gelangen.

Speisen, die vor acht oder zehn Stunden über den Mund aufgenommen worden sind, befinden sich jetzt in ihre Einzelteile zerlegt in der Blutbahn. Damit ist die Reise aber immer noch nicht zu Ende. Über den Blutstrom gelangen die Nahrungsteilchen jetzt zur Chemiefabrik des Körpers, der

Leber

Der Leber kommen bei der Verdauung drei Hauptfunktionen zu:
● beim Kohlenhydratstoffwechsel: Glukose (Zucker) aus

der Verdauung wird chemisch in Glykogen umgewandelt, das in der Leber und anderen Organen gespeichert wird. Die überschüssige Glukose wird als Fett in den Fettzellen des Körpers gestapelt.

● beim Fettstoffwechsel: Bestimmte Lipide (Fette) werden dazu benutzt, verschiedene lebenswichtige Fettsubstanzen zu synthetisieren, besonders Cholesterin. Dieses ist ein wesentlicher Bestandteil von Hormonen und bedeutsam für die Funktion der Nervenzellen.

● beim Eiweißstoffwechsel: Unbrauchbare Proteine (Eiweiße) werden in Aminosäuren und kleinere Einheiten gespalten, die dann wieder dem Aufbau nützlicher Eiweiße dienen.

Die Proteine unterscheiden sich von den übrigen Grundnährstoffen durch ihren Gehalt an Stickstoff. Der in der Leber anfallende »freie« Stickstoff, der den Bedarf des Eiweißaufbaus übersteigt, wird in Harnstoff umgewandelt, an den Blutstrom abgegeben, von den Nieren herausgefiltert und mit dem Urin ausgeschieden.

Galle und Gallenblase

Die Galle wird in den Leberzellen gebildet und über die Gallenkanäle aus den Leberläppchen abtransportiert. Die Galle hat u.a. die Aufgabe, die Fette im Darm in feinste Tröpfchen zu spalten. Die Gallenkanälchen vereinigen sich zu einem linken und rechten Gang in den beiden Leberlappen und schließlich zu einem gemeinsamen Lebergang. Nach fünf Zentimetern zweigt von dort der Blasengang ab. Er mündet in die Gallenblase, die unterhalb des rechten Leberlappens liegt. Ihre Aufgabe ist es, die Lebergalle aufzunehmen, einzudicken und bei Bedarf abzugeben. Größe und Lage der Blase variieren sehr stark. Im Durchschnitt hat sie ein Fassungsvermögen von etwa 50 Millilitern. Unter der Abzweigungsstelle des Blasengangs wird aus dem gemeinsamen Lebergang der etwa sieben Zentimeter lange Gallengang. Er unterkreuzt den oberen Zwölffingerdarmabschnitt und zieht durch den Kopf der Bauchspeicheldrüse hinab, um im absteigenden Zwölffingerdarm zu münden. Kurz vorher schließt sich ihm der Gang der Bauchspeicheldrüse an, der die Verdauungssäfte dieser Drüse leitet. Die gemeinsame Mündungsstelle von Gallen- und Bauchspeicheldrüsengang wird von einem Schließmuskel kontrolliert, der sich nur bei Bedarf öffnet, um Galle und Verdauungsenzyme in den Zwölffingerdarm weiterzubefördern. Die Abgabe der Galle aus der Gallenblase wird von einem Hormon, Cholecystokinin, veranlaßt, das im Zwölffingerdarm ausgeschüttet wird, wenn sich Nahrung im Magen befindet. Dieses Hormon kommt mit dem Blutstrom zur Gallenblase und regt deren Wandmuskulatur zur Kontraktion an.

Bauchspeicheldrüse
Die Bauchspeicheldrüse ist ein 70 Gramm leichtes Organ an der Hinterwand der Bauchhöhle und wird zum größten Teil vom Magen verdeckt. Die Drüse ist in viele kleine Läppchen gegliedert, von denen jedes einen Sammelgang besitzt, der das Sekret in den Hauptausführungsgang leitet. Cholecystokinin, das Hormon für die Gallenblasenkontraktion, veranlaßt auch die Abgabe der Bauchspeicheldrüsensäfte. Innerhalb der Läppchen befinden sich die sogenannten Langerhans'schen Inseln, die Hormone produzieren. Das bekannteste von ihnen ist das Insulin, das – wie alle anderen Hormone auch – direkt ans Blut abgegeben wird und im ganzen Körper den Zuckerstoffwechsel kontrolliert.

4. Dickdarm
Der 1,50 Meter lange Dickdarm (Crassum) umgibt den Dünndarm wie einen Rahmen. Sein Durchmesser ist in der Regel größer als der des Dünndarms. Der Dickdarm besteht aus

dem Blinddarm mit Wurmfortsatz, dem Grimmdarm und der S-förmigen Schlinge. Der Blinddarm bildet einen blind endenden Sack, in den der Krummdarm im rechten Winkel einmündet. Eine Klappe verhindert den Rückfluß von Darminhalt aus dem Dickdarm in den Dünndarm. Am Dickdarm können ebenfalls Mischbewegungen und große Rollbewegungen zum Weiterschieben des Darminhalts unterschieden werden.

Der etwa 20 Zentimeter lange Mastdarm oder Enddarm (Rectum) geht in den Afterkanal über, der mit dem Afterschließmuskel endet. Der äußere Ringmuskel kann willentlich beherrscht werden. Dadurch kann die Kotentleerung bewußt zurückgehalten werden, z. B. in Streßsituationen.

Grundsätzlich gilt: Es gibt keine »normale« Stuhlfrequenz, jeder Mensch hat seinen eigenen Rhythmus. Der Spruch: »Einmal in drei Tagen bis dreimal an einem Tag« gibt die Spannweite an, die als normal gilt.

Magen-Darm-Leiden und Psyche

••••••••••••••••••••

Sagt man von der Haut, sie sei ein Spiegelbild der Seele, so trifft auf den Magen ähnliches zu: Wie kaum ein anderes Organ reagiert er auf Streit, Streß oder Schreck meistens unmittelbar, z. B. mit Übelkeit, Ekel oder Krämpfen. Der Grund: In der Magenwand liegt ein feines Nervennetz, das durch mehrere Nervenleitungen mit dem Rückenmark und dadurch mit dem gesamten Nervensystem verbunden ist. Durch diese Verbindung, an die auch das Gehirn gekoppelt ist, ist es verständlich, daß der Magen auch an seelischen Erlebnissen teilnimmt. So kann die Verweildauer der Speisen im Magen durch seelische Erregung verlängert werden. Menschen mit empfindlichem Magen wissen, daß ihnen Aufregungen für lange Zeit die Lust am Weiteressen verderben kann. Magenschmerzen, weil man sich geärgert hat, Erbrechen, weil man etwas mit ansehen mußte, was Ekel erregte: Solche Beispiele für die engen, nervösen Beziehungen zwischen Magen, Gesamtkörper und Seele sind jedem bekannt. Streß und Probleme verdaut der Magen genauso wie fette Speisen: nämlich schlecht und mit viel Säure. Da aber in diesem Fall der Magen meistens leer ist, greift die Säure die Magenwand selbst an.

Der nervöse Magen mit Bauchschmerzen, Völlegefühl und Blähungen, Übelkeit und Sodbrennen tritt häufig während oder nach den Mahlzeiten auf. Deshalb glaubt man meistens, das Essen sei schuld. Dabei sind recht häufig psychische Probleme und Streß die wahren Auslöser. Reize des sympathischen Nervensystems können die Tätigkeit von Magen und Darm sowohl hemmen als auch beschleunigen. Dadurch kommt es nicht selten zu einem Wechsel von Durchfall und Verstopfung.

Typische Erkrankungen der Verdauungsorgane

Appetitmangel
»Das hat mir den Appetit verschlagen!« Diese Redewendung verrät eigentlich schon alles: Sehr häufig handelt es sich bei Appetitmangel um seelisch-nervöse Belastungen, die auf Magen und Darm schlagen. Völlig falsch wäre es in diesem Fall, sich zum Essen zu zwingen. Das würde den Zustand eher noch verschlimmern.
Tip: 1-2 Tage mit Wasser und Kräutertees fasten. Das entschlackt nicht nur den Körper, sondern auch die Seele fühlt sich anschließend erleichtert. Jetzt können Sie mit der eigentlichen Behandlung beginnen: Dreimal täglich vor den Mahlzeiten 10-20 Tropfen Schwedenkräuter einnehmen. Die in den Kräutern enthaltenen pflanzlichen Bitterstoffe (Amarastoffe) wirken auf das parasympathische Nervensystem und regen die Produktion von Verdauungssekreten an. Der Appetit wird wieder gesteigert.

Blähungen
Gelegentliche Blähungen, die durch nervöses Luftschlucken oder durch blähende Speisen hervorgerufen werden, kennt jeder Mensch. Bis zu einem Liter Luft entweicht normalerweise pro Tag aus dem Darm. Bilden sich übermäßig viel Gase, kann das zu einem Blähbauch führen. Neben quellenden Lebensmitteln wie Hülsenfrüchte, Kohl oder Zwiebeln können vor allem Aufregung, Nervosität, Ärger, Konflikte und

andere seelisch-nervöse Ursachen die Beschwerden verschlimmern: Die Gase werden im Dickdarm eingeklemmt
und können nicht entweichen. Es entsteht ein Druck- und
Völlegefühl mit oft kolikartigen Schmerzen und Darm-
krämpfen. In schweren Fällen wird die Atmung durch das
hochgedrückte Zwerchfell behindert, und Herzbeschwerden
können die Folge sein.

Tip: Spezielle Kräuter wie Kümmel, Fenchel oder Anis entspannen die Darmmuskulatur und fördern die Verdauung.
Bei häufiger auftretenden Blähungen sollte die Verdau-
ungsfunktion durch die in den Schwedenkräutern enthaltenen Bittermittel angeregt werden: In diesem Fall empfiehlt
es sich, zwei- bis dreimal täglich 10–20 Tropfen einzunehmen. Bei seelisch-nervösen Blähungen helfen zusätzlich
Entspannungstechniken wie Autogenes Training oder Yoga.

Durchfall

Von einem Durchfall spricht man, wenn ein Erwachsener
mehr als drei und Kinder mehr als fünf breiige bis dünn-
flüssige Stühle pro Tag absetzen. Ein Durchfall kann durch
Infektionen, Allergien und Vergiftungen (z. B. durch Medika-
mente oder verdorbene Lebensmittel) hervorgerufen werden. Übermäßige Nahrungsmengen, hastig hinunterge-
schlungenes Essen, zu fette oder eisgekühlte Speisen setzen
die Verdauungsenzyme außer Kraft und führen deshalb
häufig zu Durchfall. Aber auch psychische und hormonelle
Störungen sowie Funktionsstörungen von Magen, Darm,
Leber und Bauchspeicheldrüse können die Ursache sein.

Tip: Viel Wasser und Kräutertee mit etwas Kochsalz trinken.
So lassen sich die durch die vermehrten Ausscheidungen
verlorengegangenen wichtigen Elektrolyte dem Körper wieder zufügen. Besonders krampflösend und entzündungshemmend wirkt Kamillentee, von dem man mindestens 5
Tassen über den Tag verteilt trinken sollte.

Schwedenkräuter sind in diesem Fall nicht angebracht, weil sie die Darmtätigkeit noch zusätzlich aktivieren würden. Wenn der Durchfall nach zwei oder drei Tagen noch nicht vorbei ist, müssen Sie in jedem Fall einen Arzt konsultieren.

Erbrechen

Durch Reizung des Brechzentrums im Gehirn kommt es zum Erbrechen. Auslöser sind oft auch hier seelisch-nervöse Einflüsse wie Ekel, Reisekrankheit, Vergiftungen oder Infektionen. Außerdem können Stoffwechselstörungen, Darmverschluß und -geschwülste zum Erbrechen führen. Der Magen entleert sich beim Erbrechen durch die Speiseröhre; begleitet wird der Vorgang oft von krampfartigen Bauchschmerzen, Übelkeit, Blässe und kaltem Schweißausbruch. Beim Erbrechen gilt grundsätzlich, daß sich der Körper von Giftstoffen befreien will. Einmaliges Erbrechen aus eindeutigen Gründen wie übermäßiger Konsum von Nahrung, Nikotin oder Alkohol ist deshalb nicht besorgniserregend.
Tip: Ein ein- bis zweitägiges Teefasten mit Baldrian, Melisse, Kamille, Tausendgüldenkraut oder Wermut läßt die Beschwerden in leichten Fällen schnell abklingen. Kommt es nach zwei Tagen zu keiner Besserung, muß unbedingt ein Arzt aufgesucht werden. Bei seelisch-nervösen Ursachen können Autogenes Training und sanfte Akupressur hilfreich sein.

Hämorrhoiden

Die »Leiden der heimlichen Örter«, wie man Hämorrhoiden früher nannte, sind weit verbreitet. Rund 50 Prozent aller Bewohner der westlichen Industrienationen leiden darunter. Die knotenförmigen Erweiterungen der Venengeflechte am Enddarm und After können kirschkerngroß werden. Anfangs führen Hämorrhoiden meist zu Juckreiz, Brennen und Nässen. Im fortgeschrittenen Stadium kommen Schmerzen und Blutungen, vor allem bei der Stuhlentleerung hinzu. Als Reaktion auf die Schmerzen bei der Darmentleerung kann sich die Darmträgheit verschlimmern, was wiederum die Hämorrhoiden begünstigt. Die häufigen Blutungen rufen unter Umständen Blutarmut hervor. Im Laufe der Zeit drohen zusätzlich eitrige Entzündungen, Geschwüre und Einklemmung der Knoten im After.

Ähnlich wie Krampfadern können auch Hämorrhoiden durch eine Bindegewebsschwäche begünstigt werden. Sie allein ruft aber meistens noch keine Hämorrhoiden hervor. Im allgemeinen müssen noch Blutstauungen in den Venengeflechten des Enddarms und Afters durch Bewegungsmangel, chronische Darmträgheit oder Schwangerschaft hinzukommen. Außerdem begünstigen auch oft Übergewicht und Alkoholmißbrauch die Hämorrhoiden.

Tip: Sitzbäder mit Eichenrindenextrakt und Kamillentee lindern die Beschwerden. Bei der inneren Anwendung hilft ein Tee aus Angelikawurzel, Wermut, Brennesseln oder Wacholder. Dabei sollte man den Tee (Sorten kann man sich in der Apotheke zusammenstellen lassen) möglichst dreimal täglich über mehrere Wochen trinken. Gut geeignet sind außerdem Kompressen oder Umschläge aus Schwedenkräutern. Dazu zwei bis drei Eßlöffel Schwedenkräuter mit 1 Liter Wasser mischen. Ein Tuch in diese Lösung tauchen, auswringen, auf die betreffende Stelle legen und zirka 15 bis 30 Minuten aufliegen lassen. Dieser Vorgang kann zwei- bis dreimal täglich wiederholt werden.

Stuhlverstopfung

Nach neueren Untersuchungen sollen in Deutschland etwa 40 Prozent der Männer und 50 Prozent der Frauen an Stuhlverstopfung leiden. Ungefähr 25 Prozent dieses Personenkreises nehmen regelmäßig Abführmittel ein.

Das sind alarmierende Zahlen, die in engem Zusammenhang mit Fehlern von Ernährung und Lebensweise stehen. Häufig reicht schon ein Mangel an Ballaststoffen in der Ernährung, um eine chronische Verstopfung auszulösen. Bewegungsmangel und besondere Situationen wie Reisen, Orts- oder Kostwechsel können weitere Ursachen für eine Verstopfung sein. Und natürlich spielen auch gerade bei Verstopfung seelische Faktoren wie Streß oder Hektik eine große Rolle.

Wann spricht man von Verstopfung? Grundsätzlich sollte einmal pro Tag der Darm entleert werden, wobei Ausnahmen die Regel bestätigen. Eindeutige Symptome sind jedoch zu seltene Entleerung, zu geringe und harte Stuhlmengen, die oft hohen Preßdruck erfordern, Hartleibigkeit und Blähungen.

Tip: Bei einer Verstopfung sind Schwedenkräuter das Mittel der Wahl. Die in dem Pflanzen-Cocktail enthaltenen Flavonoiden, Bitter- und Schleimstoffe regen die Tätigkeit von Magen und Darm an und fördern die Verdauung. Schwedenkräuter eignen sich vor allem bei kurzfristigen und situationsbedingten Verdauungsproblemen. Bei längerfristiger Verstopfung sind andere Maßnahmen einzuleiten, wie z. B. eine Ernährungsumstellung hin zu ausreichenden Ballaststoffen. Wichtig ist eine vollwertige Kost mit Gemüse und Vollkorngetreide. Aber auch die Regelmäßigkeit der Verdauung spielt eine Rolle, denn der Darm liebt Pünktlichkeit. Deshalb ist es wichtig, daß man jeden Tag zur gleichen Zeit auf die Toilette geht. Nehmen Sie sich dafür Zeit, sonst verkrampft sich der Darm, und die Stuhlentleerung wird wieder behindert.

Gallensteine

Die sandkorn- bis eigroßen, einzeln oder zu mehreren in der Gallenblase vorhandenen Steine bestehen meist aus Eiweiß,

Cholesterin und Gallenfarbstoffen. Sie können lange unbemerkt bleiben, da kaum Beschwerden damit einhergehen müssen. Gallensteine treten zum einen häufig durch Entzündungen der Gallenblase auf. Zum anderen werden sie durch Störungen des Fettstoffwechsels, Gallenstauung und chronische Stuhlverstopfung hervorgerufen. Solange die Steine ruhig in der Gallenblase liegen, verursachen sie keine Beschwerden, allenfalls chronisches leichtes Druckgefühl in der Gallengegend. Erst wenn ein Stein in den Hals der Gallenblase oder in den Gallengang gelangt und dort eingeklemmt wird, kommt es zur heftigen Kolik.

Tip: Gallensteine müssen je nach Befund fachmännisch behandelt werden, z. B. durch Schallwellenzertrümmerung von außen oder durch Operation. Bei akuten Koliken bietet sich bis zum Eintreffen des Arztes auf jeden Fall eine Erste-Hilfe-Behandlung mit Schwedenkräutern an, die in manchen Fällen auch schon den Arztbesuch überflüssig gemacht haben soll. Die Schwedenkräuter werden entweder als Kompresse auf die schmerzende Stelle aufgelegt, oder man nehme, nach Aussage der »Alten Handschrift«, langsam nacheinander drei Eßlöffel voll davon ein.

Hausrezepte:
Mit Schwedenkräutern heilen

• •

Schwedentropfen als erste Hilfe bei Erkältungen
Bei Erkältungen mit Begleiterscheinungen wie Müdigkeit,
Gliederschmerzen und Druckgefühl im Stirn- und Kopfbe-
reich einen mit Schwedenbitter befeuchteten Wattebausch
an die Nase halten und dabei tief einatmen. Sind zusätzlich
die Bronchien betroffen, atmet man mit offenem Mund die
Schwedentropfen ein. Vorbeugend empfiehlt es sich, in Grip-
pezeiten täglich einen Teelöffel bis einen Eßlöffel mit etwas warmem Wasser verdünnt einzunehmen.

Schwedentropfen kontra Stirnhöhlenentzündung
Stirn- und Nasenrücken mehrmals täglich mit der Kräutermischung einreiben. Die ätherischen Öle töten Bakterien
ab und verflüssigen den Schleim, so daß dieser leichter ab-
fließen kann.

Schwedentropfen gegen Mandelentzündungen
Aufgrund seiner keimtötenden Eigenschaften bekämpft
Schwedenbitter auch bakterielle Infektionen der Rachen-
mandeln. Ein Teelöffel des Elixiers auf ein Glas Wasser geben und damit gurgeln. Bei starker Entzündung mehrmals
täglich anwenden.

Schwedentropfen bei Schnittwunden und Verletzungen
Legen Sie einen mit Schwedenbitter getränkten Wattebausch

auf die Wunde und befestigen Sie ihn mit einer Mullbinde. Mehrere Stunden, am besten über Nacht, einwirken lassen. Aufgrund der antibakteriellen Wirkung der ätherischen Öle sowie der reizlindernden und entzündungshemmenden Wirkung der Gerbstoffe kommt es zu einem raschen Abklingen von Verletzungen.

Schwedentropfen lindern Insektenstiche
Gegen Insektenstiche mit Schwellungen hilft ein mehrstündiger Umschlag mit dem Elixier. Die antibakterielle und keimtötende Wirkung der Kräuter führt zu einem Abschwellen der betroffenen Hautpartien.

Schwedenkräuter vertreiben Hämorrhoiden
Verdünnen Sie einen Eßlöffel Schwedenbitter mit einem Glas Wasser und betupfen Sie damit mehrmals täglich die Hämorrhoiden. Vor dem Schlafengehen zusätzlich einen Teelöffel Schwedenbitter einnehmen. Über Nacht einen Wattebausch mit der Kräutermischung tränken, auflegen und mit einer Binde abdecken.

Schwedenkräuter gegen Zahnfleischentzündungen
Ein Eßlöffel Schwedenbitter auf ein Glas Wasser geben. Zahnfleisch- und Wangenschleimhaut mehrmals täglich damit bepinseln.

Schwedentropfen bei leichter Nierenschwäche
Dreimal täglich einen Eßlöffel Schwedenbitter in etwas lauwarmes Wasser geben und diese Mischung verteilt vor und nach jeder Mahlzeit trinken.

Schwedentropfen lindern Rheuma- und Gicht-Beschwerden
Über einen Zeitraum von vier Wochen dreimal täglich einen Teelöffel Schwedenbitter in einer Tasse Brennessel- oder

Zinnkrauttee auflösen und trinken. Die in den Brennesseln enthaltenen Flavonoiden und Pflanzensäuren kurbeln den Stoffwechsel an, lindern Rheuma und Gicht. Ein hoher Anteil an Kieselsäure, Flavonoiden und Saponinen in Zinnkraut oder Ackerschachtelhalm wirkt ebenfalls gegen Rheuma und als Durchspülungstherapie bei Katarrhen der Nieren und der Harnwege.

Schwedenkräuter helfen gegen Rückenschmerzen und Hexenschuß

Legen Sie einen mit Schwedenkräutern getränkten Umschlag auf den schmerzenden Rückenbereich. Zusätzlich eine Wärmflasche auflegen, das verstärkt die Wirkung.

Schwedentropfen zur besseren Durchblutung bei Thrombosen und Venenleiden

Auch bei Thrombosen und Venenleiden empfehlen sich Schwedenkräuter-Umschläge. Dabei sollte man allerdings zuerst fingerdick Ringelblumen-Salbe auf die entsprechende Stelle auftragen, um eventuelle Hautreizungen zu vermeiden. Jetzt können Sie die Umschläge mit Schwedenbitter auflegen und mit einer Mullbinde fixieren. Etwa eine Stunde einwirken lassen und dreimal täglich wiederholen. Zur besseren Durchblutung eignen sich zusätzlich Fußbäder mit Brennesselkraut.

Schwedentropfen verhindern feuchte und kalte Füße

Gegen feuchte Füße helfen regelmäßige Fußbäder mit Schwedenkräutern: Auf fünf Liter Wasser gibt man circa drei Eßlöffel Schwedenbitter und badet die Füße etwa 15 Minuten in dieser Mischung. Bei kalten Füßen ist eine Massage mit dem Elixier hilfreich: Hände mit Schwedenbitter befeuchten und jeden Fuß circa drei Minuten massieren.

Schwedenkräuter gegen Schlafstörungen
Vor dem Schlafengehen eine Schwedenkräuter-Kompresse
in der Lebergegend und im Herzbereich auflegen. Die ätherischen Öle wirken beruhigend auf Herz und Nervensystem
und erleichtern der Leber ihre Entgiftungsarbeit.

Schwedenkräuter bei Ohrenschmerzen
Schwedenkräuter sollen auch bei leichten Ohrenschmerzen helfen, indem man ein paar Tropfen ins Ohr träufelt. Bei
stärkeren Schmerzen kann man eine mit den Kräutern getränkte Kompresse aufs Ohr legen und am besten über
Nacht einwirken lassen.

Anwendungsarten

Innerlich: Um Vitalität, Lebenskraft und Gesundheit zu erhalten, sollte man nach Angabe der **»Alten Handschrift«** propyhlaktisch morgens und abends je einen Teelöffel mit etwas Wasser verdünnt einnehmen.

Äußerlich/Schwedenkräuter-Umschlag: Bevor man einen Umschlag mit Schwedenkräutern macht, sollte der betroffene Körperteil mit Ringelblumen-Salbe eingerieben werden. Die Inhaltsstoffe der Ringelblume wirken entzündungshemmend, fördern die Durchblutung und beugen eventuellen Hautreizungen vor, die durch die Bitterstoffe der Schwedenkräuter entstehen können. Je nach Größe der verletzten oder schmerzenden Stelle nimmt man dann ein Stück Watte oder Zellstoff, befeuchtet es mit Schwedenbitter und legt es auf den zu behandelnden Bereich. Darüber kommt eine etwas größere Plastikfolie (damit die Wäsche nicht fleckig wird), die man mit einem Tuch oder einer Mullbinde umwickelt.
Je nach Erkrankung läßt man dann den Umschlag zwei bis vier Stunden einwirken. Bei großen Schmerzen oder schwereren Verletzun-

gen kann man den Umschlag auch über Nacht einwirken lassen. Nach Abnehmen des Umschlags sollte die Haut eingepudert werden.

Bei Menschen mit empfindlicher Haut kann es trotz vorbeugender Behandlung mit Ringelblumen-Salbe manchmal zu Hautreizungen kommen. In diesem Fall müssen die Umschläge kürzer angewendet werden. Auch sollte man dann die Plastikfolie weglassen und nur ein Tuch über dem Wattebausch befestigen.

Schwedenkräuter in der Kosmetik

• •

Schwedenkräuter lassen sie sich natürlich auch in der Kosmetik einsetzen. Das ist zwar eine etwas ungewöhnliche Verwendung für ein Heilmittel, aber gerade die in den Kräutern enthaltenen ätherischen Öle, Flavonoide und Saponine eignen sich wunderbar zur sanften, natürlichen Körperpflege und können besonders als Badezusatz ihre entspannenden, hautreinigenden und durchblutungsfördernden Kräfte entfalten. Auch im Bereich der Gesichtspflege wirken Schwedenkräuter in Form von Kompressen, Packungen oder Dampfbädern hautklärend und vitalisisierend.

Gesichtspflege

Gesichtswasser

Immer wieder haben Forschungsreisende in der Südsee über die glatte und reine Haut der Eingeborenen gestaunt, bis sie erfuhren, daß sie sich mit einem Sud aus Aloe-Saft waschen. Dieses Gesichtswasser erfrischt und klärt die Haut. Zusätzlich entfernt es die Reste von Seife und übriggebliebenem Schmutz. Die Haut wird gründlich gesäubert, und die Poren ziehen sich zusammen. Ein Gesichtswasser mit Aloe wirkt darüber hinaus stark antibakteriell und ist hervorragend dazu geeignet, Hautirritationen und Unreinheiten auszugleichen. Die Haut wird glatt, jung und frisch. In manchen Fällen kann eine länger andauernde konsequente Gesichtsbehandlung mit Aloe sogar Akne beseitigen.

Aloe-Gesichtswasser
100 ml destilliertes Wasser oder 38–40prozentiger Alkohol
3 TL Aloe-Saft (Apotheke)
5 Tropfen Orangen-Öl zur Parfümierung
Alle Bestandteile miteinander mischen, ca. 2 Tage unter mehrmaligem Schütteln gut durchziehen lassen und anschließend in einem geschlossenen Flakon kühl aufbewahren.
Morgens und abends jeweils ein paar Tropfen von diesem Gesichtswasser auf einen Wattepad geben und mit kreisenden Bewegungen sanft ins Gesicht einmassieren.

Kräuter-Gesichtswasser
1 EL Angelika-Wurzel
1 EL Myrrhe
1 EL Rosmarin
1 EL Pfefferminze
100 ml Hamamelis-Wasser
50 ml 70prozentiger Alkohol
1 EL Apfelessig
Die Kräuter in eine Schüssel geben und mit Alkohol und Apfelessig übergießen. Zugedeckt über Nacht an einem kühlen Ort durchziehen lassen. Am nächsten Tag die Kräuter abseihen und den Sud mit dem Hamamelis-Wasser mischen. Die in den Pflanzen enthaltenen ätherischen Öle, Schleim- und Gerbstoffe wirken antiseptisch und klären irritierte, unreine Haut.

Angelika-Wasser
2 TL Angelika-Wurzel
1/4 l destilliertes Wasser
Angelika-Wurzel mit dem heißen Wasser übergießen und
circa 10 Minuten ziehen lassen. Das Kraut anschließend
abseihen. Den Sud entweder direkt auf die Haut auftragen
oder mit einem Wattepad sanft einmassieren. Reinigt und erfrischt müde Haut, z. B. nach einem anstrengenden Tag.

Packungen

Sinn einer Packung ist es, das Gesicht mit Feuchtigkeit,
Nähr- und Aufbaustoffen zu versorgen. Die Haut wird dadurch besser durchblutet, kleine Fältchen werden abge-
mildert, insgesamt kommt es zu einer Gewebestraffung.
Vor dem Auftragen einer Packung wird das Gesicht gereinigt.
Um die Wirkung zu verstärken, kann man zuvor warme
Kompressen auflegen. Das macht die Haut weich und die Poren aufnahmefähiger für die Wirkstoffe. Eine Packung sollte zwischen 15 und 30 Minuten einwirken können. Danach
nimmt man sie mit Zellstofftüchern ab und wäscht mit lau-
warmem Wasser nach. Am Schluß einer Packung sollte immer eine kalte Kompresse stehen. Anschließend die Haut mit
Gesichtswasser abklopfen und mit einer Pflegecreme eincremen. Eine solche Packung kann man ein- bis zweimal pro
Woche machen.

Aloe-vera-Packung
   8 g Bienenwachs
   5 g Kakaobutter
10 g Lanolin
35 g Aloe-vera-Öl
30 g destilliertes Wasser

Bienenwachs, Kakaobutter und Lanolin im Wasserbad schmelzen lassen. Aloe-vera-Öl dazugeben und das Gemisch leicht erwärmen. Gleichzeitig in einem zweiten Topf langsam das destillierte Wasser erwärmen. Bienenwachs, Kakaobutter, Lanolin und Aloe vera aus dem Wasserbad nehmen und das destillierte Wasser langsam mit einem Schneebesen einrühren. Creme erkalten lassen. Zur Parfümierung können Sie zum Schluß zwei oder drei Tropfen Rosen- oder Orangenöl einrühren.

Dampfbad
Dampfbäder klären die Haut, wirken antibakteriell und befreien die Nasenschleimhäute von Giftstoffen. Hier bietet sich im Bereich der Schwedenkräuter die folgende Mischung an. Daneben empfiehlt sich die Zugabe von Kamille, die beruhigend bei Haut-, Schleimhaut- und Rachenentzündungen wirkt.

Vier-Kräuter-Dampfbad
1 g Aloe
1 g Angelika
1 g Kampfer
2 g Kamille
Die Kräuter in eine Schüssel geben und mit kochend heißem Wasser übergießen. Den Kopf mit einem Handtuch bedecken und ca. 10 Minuten über das Dampfbad halten.

Hautpflege

Seife
Heute haben Seifen oft viele chemische Zusätze und Duftnoten. Ein zu häufiger Gebrauch kann leicht den Säureschutzmantel der Haut schädigen und die Haut austrocknen.

Schwedenkräuter bieten auch hier eine milde Pflege für empfindliche Haut. Bienenhonig und Bienenwachs pflegen und nähren die Haut zusätzlich. Die Haut wird elastischer, weil die Durchblutung gefördert wird. Gleichzeitig wird der Abbau von Schlackestoffen angeregt.

Schwedenkräuter-Seife
120 g gelbes Bienenwachs
60 g weiße Babyseife
1 EL Bienenhonig
5 g Angelika-Wurzel
5 g Safran
5 g Aloe
5 g Zittwer-Wurzel
5 g Eberwurz-Wurzel
Wachs und fein gestiftelte Seife im Wasserbad miteinander verschmelzen. Die ebenfalls fein zerriebenen Kräuter unterrühren. Unter ständigem Rühren kurz vor dem Erkalten den Bienenhonig untermischen. Kleine runde Bällchen formen. Achtung: Da diese Seife ohne jegliche Konservierungsstoffe hergestellt ist, sollte man sie nach Möglichkeit innerhalb von vier Wochen verbrauchen.

Pflegecreme mit Schwedenkräutern
Pflegecremes sollen die Haut vor Streß und Umwelteinflüssen schützen und Hautprobleme mildern. Damit die Haut lange zart und glatt bleibt, sollte man sie regelmäßig eincremen. Tip: Eine selbstgemachte Creme wird sahnig und fein, wenn man sie so lange rührt, bis sie vollständig erkaltet ist. Sie läßt sich dann leichter auftragen und wird von der Haut schneller aufgenommen.

10 g Mandelöl
1 TL Bienenwachs

2 TL Lanolin
4 Tropfen Aloe vera
4 Tropfen Angelika-Öl
Bienenwachs, Lanolin und Mandelöl im Wasserbad erhitzen,
bis eine klare Schmelze entstanden ist. Aloe vera und Angelika-Öl hinzugeben und mit dem Mixer auf höchster Stufe verquirlen. Zum Schluß die Creme kalt rühren.

Engelwurz-Salbe
Die folgende Salbe eignet sich abgesehen von der Haut-
pflege als Erkältungssalbe bei Schnupfen und Nasenne-
benhöhlen-Erkrankungen. Sie löst den Schleim und durch-
wärmt die Nasen- und Stirnhöhlenpartie. Zweimal täglich
den Bereich der Nebenhöhlen, Stirn, Nasenwurzel, Nase,
Wangen und Kieferbereich mit der Salbe einreiben. Die Salbe kann man außerdem zum Einmassieren bei Rheuma
und Muskelverspannungen verwenden.

35 g Lanolin
2 EL Johanniskraut-Öl
2 g Bienenwachs, geraspelt
15 Tropfen ätherisches Angelika-Öl
5 Tropfen Majoran-Öl
1 Tropfen Thymian-Öl
Lanolin und Öle in der Apotheke kaufen, Bienenwachs beim
Imker oder in Drogerien. Lanolin im Topf oder Wasserbad
schmelzen. Johanniskraut-Öl zugeben. Bienenwachs schmelzen und ebenfalls unter ständigem Rühren dazugießen.
Zum Schluß die ätherischen Öle untermischen. So lange
rühren, bis die Salbe fast erkaltet ist und in kleine Sal-
bentöpfchen abfüllen. Gut verschlossen aufbewahren.

Baden mit Schwedenkräutern
Wer eine schnelle Körperreinigung möchte, duscht heute in
der Regel. Ein Wannenbad dagegen hat andere Vorteile: Es
dient weniger der Reinigung als vielmehr der Pflege von Körper und Seele. Mit dem Zusatz von Kräutern, Blüten oder
ätherischen Ölen lassen sich je nach Wunsch spezielle Wir-
kungen erzielen. Bäder können entspannen, den Kreislauf
anregen, die Haut besser durchbluten, Unreinheiten und
Pickel beseitigen, gegen Erkältungen und Schlaflosigkeit
wirken – je nachdem, welche Zusätze gewählt werden.

Entspannungsbad mit Angelika-Öl
3 Tropfen Angelika-Öl
3 Tropfen Baldrian-Öl
1 Tropfen Lavendel-Öl
1 Tropfen Sandelholz-Öl
In das einlaufende Badewasser die ätherischen Öle geben.
Dieses Bad ist besonders nach einem anstrengenden Tag zu
empfehlen: Die Mischung wirkt gegen Abgespanntheit, innere Unruhe und Ängste. Körper und Seele kommen wieder
zur Ruhe. Übrigens: Ätherische Öle sind als Badezusatz besonders zu empfehlen, weil die aus dem Wasser aufstei-
genden Dämpfe mit den Wirkstoffen der Öle gesättigt werden und über die Atemwege in die Blutbahn gelangen.

Kräuterbad
Je 10 g Aloe-Blätter
        Angelika-Wurzel
        Myrrhe
        Kampfer
        Sennesblätter
Die Kräuter mit heißem Wasser übergießen und circa eine
Stunde abgedeckt stehenlassen.
Anschließend die Kräuter abfiltern und den Sud in das Ba-

dewasser laufen lassen. Das Bad belebt, fördert die Durchblutung, reinigt Haut und Poren, mildert Unreinheiten und kleine Fältchen.

Sonnenschutzcreme mit Aloe vera

Die alten Ägypter nannten sie die »Pflanze der hundert Wunder«. Aloe vera spendet viel Feuchtigkeit und schützt dadurch die Haut vor dem Austrocknen. Aloe vera entspannt und glättet, macht die Haut weich und zart. Vor allem aber besitzt Aloe vera den natürlichen Lichtschutzfaktor 4 und ist deshalb auch als Sonnenschutz gut geeignet.

10 g Mandel-Öl
1 TL Bienenwachs
2 TL Lanolin
3 EL Aloe-vera-Saft
4 Tropfen Orangen-Öl
Bienenwachs, Mandel-Öl und Lanolin im Wasserbad schmelzen. Unter ständigem Rühren den Aloe-Saft hinzugeben. Weiterrühren, bis die Creme fast erkaltet ist. Zum Schluß das Orangen-Öl als Parfümierung einrühren und die Creme vollständig kalt rühren.

Haarpflege

»In den Haaren liegt die Kraft«, sagten die Menschen vor rund 1000 Jahren. Gesundes, langes Haar war eine Art Statussymbol, das auch der Mann zur Schau stellte. Heute tragen Männer ihre Haare zwar kürzer, doch der Mythos um schönes, volles Haar ist geblieben. Mit Spezial-Shampoos und Haarwassern verspricht die Kosmetikindustrie den von Geheimratsecken und Glatzen Heimgesuchten neues Haarwachstum oder mehr Fülle. Tatsächlich ist es so, daß wir uns mit schlecht sitzendem, fettigen oder schuppigen Haar nicht wohl fühlen. Der Gang zum Friseur oder der Griff nach einem neuen Spezialshampoo ist deshalb oft noch wichtiger als ein neues Kleid oder Hemd.

Wie die Haut, so ist auch das Haar abhängig vom Typ, vom Geschlecht (Männerhaar ist z. B. dichter als Frauenhaar und wächst auch schneller), vom Alter und vor allem von verschiedenen Umwelteinflüssen. Sonne, Wind und Regen, das Schwimmen im Pool oder im Meer, mechanische Methoden, das Haar zu trocknen oder zu frisieren, sind noch die harmlosesten Außeneinflüsse. Chemikalien in Haarwasch- und Pflegesubstanzen, Haarfärbe- und Dauerwellenmittel beeinflussen die Struktur des Haares nachhaltig. Eines ist klar: Je weniger negative Einflüsse Sie zulassen, desto weniger Probleme haben Sie mit Ihrem Haar. Zur sanften Haarpflege bieten sich folgende Rezepte mit Schwedenkräutern an:

Schwedenkräuter-Essig zur Haarspülung
5 g Myrrhe
0,2 g Safran
10 g Sennesblätter
10 g Rhabarber-Wurzel
10 g Zittwer-Wurzel
10 g Manna
10 g Theriak venezian
5 g Eberwurz-Wurzel
10 g Angelika-Wurzel
1 Liter Obst- oder Weißweinessig
Die Pflanzenteile in ein Glas mit weiter Öffnung geben und mit dem Essig übergießen. Das Glas gut verschließen und etwa zwei Wochen an einem warmen Platz ruhen lassen. Ab und zu gut durchschütteln, damit sich die Wirkstoffe besser entfalten können. Anschließend wird der Kräuteressig durch

Filterpapier abgeseiht und die Pflanzenrückstände gut aus-
gepreßt. Den so entstandenen Sud als Haarspülung nach der
Haarwäsche verwenden. Das verleiht dem Haar seidigen
Glanz, stärkt Kopfhaut und Haarwurzeln.

Haarshampoo mit Schwedenkräutern
100 ml Neutralshampoo
10 Tropfen Angelika-Öl
5 Tropfen Myrrhe
Neutralshampoo ist ein wirkstoff- und duftfreies Shampoo, das
man fertig in Drogerien und Apotheken kaufen kann.
Die ätherischen Öle in das Shampoo einrühren und in eine gut
verschließbare Flasche füllen. Vor Gebrauch etwa eine Woche ruhen lassen, hin und wieder ein wenig schütteln, damit
sich die Öle und das Shampoo gut miteinander verbinden
können. Der süßliche Geruch von Angelika und das holzige
Aroma von Myrrhe verbinden sich zu einem Bouquet, das
nicht nur gut duftet, sondern dessen Inhaltsstoffe pflegend,
antibakteriell und desinfizierend wirken. Kopfhaut und Haarwurzeln werden gut durchblutet, möglichen Haar- und Haut-
schäden wie Spliss oder Schuppen wird dadurch vorgebeugt.

Haarspülung mit Safran
Safran, ein Bestandteil des Schwedenkräuter-Cocktails,
färbt nicht nur den Kuchen gelb, sondern kann auch blon-
de Haare auf natürliche Weise leicht aufhellen:
1/2 TL Safran
1/4 l Wasser
Safran mit Wasser zum Kochen bringen und circa 15 Minuten ziehen lassen. Anschließend abfiltern und den Sud als
Spülung nach der Haarwäsche verwenden.

Düfte

Angelika-Parfüm
Angelika gehört zu den Hauptbestandteilen eines Duftwassers, das unter dem Namen »Wasser der Karmeliterinnen« bekannt ist. Im 16. Jahrhundert wurde es zum ersten Mal in einem französischen Karmeliterkloster hergestellt.

10 g Angelika-Wurzel
5 g Melisse
5 g Koriander
5 g Zitronenschalen
5 g Orangenblüten
100 ml 80prozentiger Alkohol
100 ml destilliertes Wasser
Kräuter und Blüten in ein Glasgefäß geben und mit dem Alkohol übergießen. Circa zwei bis drei Wochen an einem dunklen Ort gut verschlossen ziehen lassen. Durchfiltern, mit destilliertem Wasser aufgießen und in kleine Parfümflaschen abfüllen. Vor Gebrauch gut durchschütteln. Wichtig: Wegen des Inhaltsstoffs Furocumarin erhöht Angelika die Lichtempfindlichkeit der Haut und kann zu Pigmentstörungen führen. Deshalb sollten Sie den Duft beim Sonnenbaden nicht verwenden.

Kräuterkissen

Kräuterkissen sind aus der Mode gekommen. Unsere Großeltern wußten: Kräuter heilen im Schlaf. In ein Leinen- oder Baumwollsäckchen gefüllt, können sie zum Beispiel unter dem Kopfkissen ihre entspannende und beruhigende Wirkung entfalten.

10 g getrocknete Aloe-vera-Blätter
10 g getrocknete Angelika-Wurzel
10 g getrocknete Rosenblätter
10 g Myrrhe
10 g getrocknete Lavendelblüten

Die getrockneten Kräuter in eine Kissenhülle von ca. 20 x 30 cm geben und diese Hülle nochmals in einen Überzug stecken. Das empfiehlt sich, weil sonst der Duft zu penetrant würde und statt des gewünschten Schlafs Schlaflosigkeit eintreten kann. Im Laufe der Zeit lassen Geruch und damit auch die Wirkung der Kräuter und Blüten nach. Deshalb sollte man die Mischung spätestens nach einem Jahr vollständig erneuern.

Schwedenkräuter in der Küche

. . . .

Kochen und Würzen mit Schwedenkräutern ist ungewohnt, aber eine feine Sache. Einige Schwedenkräuter eignen sich z.B. ausgesprochen gut zum Kochen und Backen. Durch ihr breites Wirkungsspektrum kann man so nicht nur leckere, sondern auch sehr gesunde Gerichte zaubern. Hier einige Kostproben:

Safran-Orzo mit Lorbeer-Blättern und Zitrone
Orzo ist eine Spezialität aus Süditalien: Es handelt sich dabei um kleine Körner, die wie Reis aussehen, jedoch aus Nudelteig bestehen. Aufgrund seiner Zutaten paßt dieses Schlemmergericht sehr gut in die leichte Sommerküche. Safran-Orzo schmeckt gut zu gegrilltem Fisch, läßt sich aber auch problemlos ohne Beilagen genießen.

Für 6 Portionen
450 g Orzo
Salz
30 g Butter
1 EL feingehackte Zwiebel
1 feingehackte Knoblauchzehe
2 große Prisen Safranfäden
2 EL heißes Wasser
150 ml Crème fraîche
6 frische Lorbeerblätter

Saft und Schale von 1 Zitrone
Frische Lorbeerblätter zum Garnieren

Die Nudeln im Salzwasser ca. 8–12 Minuten »al dente« kochen, so daß sie noch »Biß« haben. Anschließend abtropfen lassen und ein Viertel des Kochwassers beiseite stellen.
Zwiebeln und Knoblauch in Butter bei mittlerer Hitze 4-6 Minuten glasig dünsten.
In der Zwischenzeit die Safranfäden auf eine Untertasse legen und im schwach geheizten Backofen oder Grill auf kleinster Stufe 2–3 Minuten erwärmen. Die Safranfäden in das zurückbehaltene Kochwasser geben und ca. 3 Minuten unterrrühren, bis das Wasser safrangelb geworden ist. Jetzt die Knoblauch-Zwiebel-Mischung, Sahne und Lorbeerblätter in das Wasser geben und unter Rühren 5 Minuten weitergaren lassen. Die Nudeln dazugeben und weitere 5-10 Minuten köcheln lassen, bis auch sie eine safrangelbe Farbe haben. Mit etwas Salz abschmecken, die Lorbeerblätter herausnehmen. Auf einer vorgewärmten Platte anrichten, mit Zitronensaft beträufeln und mit der feingeschnittenen Zitronenschale bestreuen.

Safran-Reis mit Huhn und frischen Tomaten
Auch dieses Gericht paßt sehr gut in die Sommerzeit und läßt sich ebenso einfach zubereiten wie Safran-Orzo.

Für 4 Personen
500 g Reis
Salz
2 große Prisen Safranfäden
2 EL heißes Wasser
1/2 Pfund Tomaten
4 gebratene Hähnchenschenkel

Den Reis ca. 15 Minuten im Salzwasser kochen, so daß er
noch nicht ganz gar ist. Abtropfen lassen und zur Seite stellen. Auch hier etwa 1/4 der Kochflüssigkeit zurückbehalten.
Die Safranfäden wie beim Orzo im Backofen oder Grill bei
schwacher Hitze 2-3 Minuten erwärmen und anschließend
mit den beiden Eßlöffeln heißem Wasser solange verrühren,
bis sich das Wasser gelb gefärbt hat. Die Mischung in das
zurückbehaltene Kochwasser geben, den Reis dazugeben
und weitere 5 Minuten köcheln lassen. In der Zwischenzeit
Tomaten schälen und in feine Würfel schneiden. Die Haut
von den gebratenen Hähnchenschenkeln abziehen und das
Fleisch in feine Stücke schneiden. Zum Schluß Tomaten
und Hähnchenfleisch in den Reis geben. Mit Salz und Pfef-
fer abschmecken.

Kandierte Engelwurz
einige Stengel Angelika-Wurzel
Zucker
Wasser

Die jungen Blattzweige der Engelwurz können zu Beginn des
Sommers gepflückt und als Dekoration für Torten verwendet werden. Einige dünne, zarte Stengel der Angelika-Wurzel in circa 7 Zentimeter Länge schneiden. In kochendem
Wasser so lange garen, bis sie eine leuchtend grüne Farbe
angenommen haben. Die Stengel gründlich abtropfen lassen
und die harten Außenhaut abschälen.
Die Stengel auf einer Küchenwaage abwiegen und mit der
gleichen Menge feinkörnigem Zucker ein bis zwei Tage ziehen lassen, zum Schluß sollte sich der Zucker völlig aufgelöst haben. Jetzt die Stengel in einen Topf geben und langsam erhitzen, bis die Flüssigkeit nahezu verdampft ist. Auf
ein Kuchengitter legen und an einem warmem Ort ein bis

zwei Tage trocknen lassen. Bis zur Weiterverwendung in einem Glas luftdicht verschlossen aufbewahren.

Mandelkuchen mit kandierter Engelwurz
Die leuchtend grünen, kandierten Stengel der Engelwurz geben dem Kuchen ein ungewöhnliches Aroma und ein appetitliches Aussehen.

Für 8–12 Personen
120 g weiche Butter
120 g feinkörniger Zucker
3 Eier
140 g Weizenmehl
1/2 TL Backpulver
1 Prise Salz
60 g gemahlene Mandeln
120 g kandierte Engelwurz
60 g Orangeat

Makronenauflage
90 g feinkörniger Zucker
90 g gemahlene Mandeln
30 g Mandelblättchen

Die Butter mit dem Zucker schaumig rühren. Nach und nach 2 Eier und 1 Eigelb unterschlagen. Das Mehl mit Backpulver und der Prise Salz mischen, mit den Mandeln sieben. Engelwurz und Orangeat fein hacken und unterheben.
Die Teigmasse in eine gefettete Springform von 18 cm Durchmesser füllen. Das Eiweiß leicht anschlagen und mit dem Zucker und den gemahlenen Mandeln mischen. Die Makronenmasse auf dem Teigboden verstreichen und mit den Mandelblättchen bestreuen. Im vorgeheizten Backofen

bei 180 Grad etwa 50-60 Minuten backen. Nach der Hälfte der Backzeit den Kuchen mit Alufolie abdecken, damit die Mandelblättchen nicht zu stark bräunen. Den Kuchen drei Minuten in der Form stehenlassen, dann auf Kuchengitter setzen.

Engelwurz-Kumquat-Marmelade
Die pflaumengroßen, orangefarbenen Kumquats werden für diese aparte Marmeladenmischung in Scheiben geschnitten und nach dem Kochen mit gehackten Engelwurz-Blättern gemischt.

Für ca. 1,5 kg Marmelade
1 kg Kumquats
600 ml Wasser
1-1,25 kg Zucker
1-2 frische und gehackte Engelwurz-Blätter
oder 15 g kandierte Engelwurz-Stengel, gewürfelt

Die Kumquats waschen, abtropfen lassen und in dünne Scheiben schneiden. Die Kerne in ein Stoffsäckchen füllen. Die Früchte mit dem Wasser und dem Stoffsäckchen in einen großen Topf geben und zum Kochen bringen. Die Mischung etwa 30-40 Minuten bei schwacher Hitze weiterköcheln lassen, bis die Fruchtschalen weich sind.
Den Topfinhalt abmessen und auf 600 ml Fruchtmark etwa 450 g Zucker geben. Den Zucker bei schwacher Hitze unter Rühren auflösen, dann die Hitzezufuhr erhöhen und die Mischung kochen, bis der Gelierpunkt erreicht ist. Zwischendurch immer mal wieder das Stoffsäckchen ausdrücken.
Den Topf von der Kochstelle nehmen und das Stoffsäckchen mit den Kernen herausnehmen. Die frischen Engelwurz-Blätter oder die kandierten -stengel unterrühren und die

Marmelade in sterilisierte Gläser füllen. Bis zum Verzehr luftdicht verschließen.

Pikanter Engelwurz-Käsekuchen
Für 8–12 Personen
3 Eier
1 EL junge gehackte Engelwurz-Blätter
220 g Weichkäse
75 g Zucker
5 g Sultaninen
1 EL Zitronensaft

Alles miteinander mischen und die Masse in eine mit Mürbeteig ausgekleidete, feuerfeste Form geben. Im Ofen bei etwa 180 Grad eine halbe Stunde backen. Vor Verzehr auskühlen lassen.

Engelwurz-Weichkäse
Frische Engelwurz-Blätter verleihen auch Weichkäse ein apartes Aroma. Dazu einfach die Blätter feinhacken und entweder über den Käse streuen oder unter den Käse mischen.

Rhabarber-Kompott
Aus den gekochten Blattstielen läßt sich ein leckeres Kompott zubereiten, das man entweder als Kompott verzehrt oder als Grundlage für einen Streuselkuchen benutzen kann.
Für 4 Personen
1 kg Rhabarber
100 g Zucker
Wasser

Rhabarber-Stiele schälen und in kleine Stücke schneiden. Topfboden mit Wasser bedecken und die Rhabarberstücke hineingeben. Solange köcheln lassen, bis sich die Stücke zu einem Kompott aufgelöst haben. Mit dem Zucker süßen. Erkalten lassen und verzehren.

Rhabarber wirkt aufgrund seiner Gerb- und Bitterstoffe stark harntreibend und entwässernd.

Rhabarber-Streuselkuchen

Auf einem mit Mürbeteig ausgelegten Backblech das Rhabarber-Kompott verteilen. Aus Butter, Zucker und etwas Mehl Streusel mit dem Mixer schlagen und damit den Rhabarberkuchen abdecken. Etwa eine halbe Stunde bei 180 Grad backen. Abkühlen lassen und mit Schlagsahne servieren.

Erfolgsberichte von Patienten

• •

Beate C. aus Hamburg
Jedes Jahr im Winter muß ich mindestens eine Erkältung mit Husten, Schnupfen und manchmal auch Fieber über mich ergehen lassen. Dabei ist die Erkältung immer sehr schwer und langwierig. Sie dauert meistens drei Wochen. Letztes Jahr bin ich zum ersten Mal beschwerdefrei geblieben. Ich führe das darauf zurück, daß ich seit einem dreiviertel Jahr täglich zwei bis drei Teelöffel Schwedenbitter in Tee verdünnt trinke.

Maria L. aus Osnabrück
Nach einer mehrfachen Unterleibsoperation hatte ich furchtbare Schmerzen. Alles war verwachsen. Dazu kam plötzlich noch hohes Fieber, so daß ich ins Krankenhaus eingewiesen werden mußte. Die Diagnose der Ärzte: Darmverschluß. Ich wurde operiert, und die Ärzte schnitten soviel von den Verwachsungen heraus, wie sie nur konnten. Aber Hoffnung gab es für mich eigentlich keine. Nach vier Wochen wurde ich mit gleichbleibenden Schmerzen und Fieber aus dem Krankenhaus entlassen. Wahrscheinlich wäre ich kurze Zeit später gestorben, wenn nicht eine gute Freundin mir bald darauf ein Päckchen Schwedenkräuter aus der Apotheke mitgebracht hätte. Ich setzte die Kräuter an und nahm täglich mehrere Schluck davon. Innerhalb von einem Monat war das Fieber verschwunden und innerhalb von zwei Monaten auch

die Schmerzen. Ich kann wieder auf die Toilette gehen und fühle mich heute gesünder als je zuvor. Die Kräuter habe ich seitdem zu Hause im Medizinschrank.

Gaby S. aus Schweinfurt
Jahrelang litt ich unter schrecklichen Rückenschmerzen. Manchmal war es so schlimm, daß ich vor Schmerzen weinen mußte. Vor einem Jahr las ich in einem Buch über die Heilwirkung von Kräutern und Tees. Da mein Zustand ja nicht mehr viel schlechter werden konnte, probierte ich einfach einiges aus. Seitdem trinke ich täglich Zinnkraut- und Brennesseltee mit ein paar Tropfen Schwedenbitter. Die Schmerzen sind fast verschwunden. Manchmal kehren sie noch mal zurück, aber es ist kein Vergleich mehr zu früher.

Stephanie F. aus Lübeck
Nach einer Kieferhöhlen-Operation wurde ich noch Monate später von Schmerzen geplagt. Der Arzt verschrieb mir Bestrahlungen, aber sie halfen leider nur sehr wenig. Eine Nachbarin riet mir dazu, ich solle es doch einmal mit Schwedenkräuter-Umschlägen probieren. Ich setzte Schwedenkräuter an und tauchte ein Leinentuch in die Kräuter, das ich dann anschließend auf die schmerzende Stelle für fünfzehn Minuten auflegte. Das tat ich eine Woche lang dreimal täglich. Danach waren die Schmerzen verschwunden.

Manfred B. aus Köln
Ich bin seit vielen Jahren ein Anhänger von Schwedenkräutern. Eine langjährige Stuhlverstopfung konnte ich mit Hilfe der Kräuter völlig ausheilen. Auch Insektenstiche habe ich damit gut behandeln können. Letztes Jahr bin ich von einer Mücke in den Finger gestochen worden. Innerhalb weniger Sekunden schwoll der Finger unangenehm dick an. Ich tränkte ein Taschentuch mit Schwedenbitter-Tropfen

und wickelte es um den Finger. Nach etwa einer Stunde ging die Geschwulst zurück.

Karin L. aus Berlin
Nach der Entbindung meines ersten Kindes haben mir Schwedenkräuter sehr geholfen. Durch einen besonders großen Dammschnitt konnte ich kaum sitzen. Die Wunde spannte furchtbar, und ich traute mich aus Angst vor Schmerzen nicht auf die Toilette. Im Krankenhaus gab man mir Sitzbäder und Spülungen mit Kamille, die aber nur wenig halfen. Wieder zu Hause, probierte ich es mit Schwedenkräuter-Umschlägen. Schwellung und Wundschmerz gingen innerhalb weniger Tage zurück, und ich konnte wieder auf die Toilette gehen.

Marion T. aus Leipzig
Zehn Jahre litt ich unter großer Schlaflosigkeit. Ohne Schlaftabletten lief bei mir überhaupt nichts, und auch die halfen nicht immer. Eines Tages empfahl mir mein Apotheker einen Schlaftee, in den ich etwas Schwedentropfen reinmischen sollte. Seit einem halben Jahr kann ich mit diesem Schlummertrunk wieder schlafen und werde auch nachts nicht mehr wach.

Birgit H. aus Koblenz
Seit meiner Pubertät habe ich an den Fingern mit häßlichen Warzen zu tun gehabt. Operationen und Verätzungen halfen nichts. Die Warzen kamen immer wieder. Ich schämte mich, meine Hände zu zeigen. Heute bin ich vierzig Jahre alt, und seit einem halben Jahr brauche ich meine Hände nicht mehr zu verstecken. Ich habe die Warzen selbst kuriert: Mit Schwedenkräuter betupft, heilten sie innerhalb von zwei Wochen wunderbar ab.

Werner B. aus Wilhelmshaven
*Schwedenkräuter haben meine langjährige Stirnhöhlen-
entzündung geheilt. Ein halbes Jahr habe ich jede Nacht mit
einer Schwedenbittertropfen-Auflage auf der Stirn ge-
schlafen. Tagsüber habe ich zusätzlich zwei Eßlöffel Schwedenbitter mit Tee verdünnt eingenommen. Seither ist die
Stirnhöhlenentzündung wie weggeblasen.*

Marianne F. aus Euskirchen
*Seit frühester Kindheit hatte mein Enkelkind Moritz (heute
zehn Jahre) unter Schuppenflechte zu leiden. Durch den
häßlichen Ausschlag auf dem Kopf wurde er im Kindergar-
ten und in der Schule immer geärgert. Verschiedene Arzt-
besuche, Cremes und Salben blieben ohne Erfolg. Moritz tat
mir so leid, und ich erzählte der Bekannten einer Freundin
davon. Die empfahl Schwedenkräuter, als Tropfen eingenommen und als Umschläge auf dem Kopf. Vier Wochen haben wir diese Kur mit Moritz gemacht. Heute kann er sich
wieder in der Schule sehen lassen, ohne geärgert zu werden.
Die Schuppenflechte und damit auch der unangenehme
Juckreiz sind verschwunden.*

Claudia R. aus München
*Vor kurzem erkrankte unsere Tochter Katrin (6) an einer Mit-
telohrentzündung. Der Arzt verschrieb Antibiotika und Pe-
nicillin. Ich setzte zusätzlich Schwedenkräuter an und schob
meinem Kind nachts alle zwei Stunden einen mit Schwedenbitter befeuchteten Wattebausch ins Ohr. Das erwartete
Fieber blieb aus. Nach zwei Tagen ließ ich die Ohren wieder
vom Arzt untersuchen. Sie waren fast wieder in Ordnung. Ich
gab noch drei weitere Tage Wattebäusche ins Ohr. Danach
war die Mittelohrentzündung gänzlich abgeheilt.*

Dieter B. aus Braunschweig
Jahrelang hatte ich große Beschwerden mit einer chronischen Magenschleimhautentzündung und einem Zwölffingerdarmleiden. Tabletten, Tees und feuchte Umschläge halfen wenig. Erst als ich begann, jeden Abend einen Eßlöffel Schwedenbitter einzunehmen, habe ich innerhalb eines halben Jahres alle Beschwerden verloren.

Eva R. aus Wermelskirchen
Fünfzehn Jahre lang litt meine Mutter (heute 65) unter starken Ischiasschmerzen, die sich von der linken Hüfte bis zum linken Fuß zogen. Eine Nachbarin erzählte uns von der Heilkraft der Schwedenkräuter. Ich besorgte die Kräuter in der Apotheke und setzte sie mit Alkohol an. Drei Monate machte ich meiner Mutter jeden Abend einen Schwedenbitter-Umschlag über den ganzen Fuß. Die Schmerzen wurden schwächer und hörten schließlich ganz auf. Heute kann meine Mutter wieder beschwerdefrei gehen.

Petra N. aus Wuppertal
Seit vielen Jahren arbeite ich als Sekretärin und muß täglich viel am Computer schreiben. Vor kurzem bekam ich deswegen eine Sehnenscheidenentzündung am rechten Arm. Da wir im Büro furchtbar viel zu tun hatten, konnte ich es mir nicht leisten, krank zu sein. Ich machte drei Tage lang Schwedenkräuter-Umschläge. Die Schmerzen und die Entzündung verschwanden.

Barbara S. aus Frankfurt
Leider habe ich immer wieder mit Kopfschmerzen und Migräne zu tun. Früher habe ich deshalb Tabletten genommen. Heute reicht ein mit Schwedenkräutern befeuchteter Wattebausch. Damit betupfe ich die Stirn, und innerhalb weniger Minuten sind die Kopfschmerzen verschwunden.

Franz L aus Schongau/Allgäu
Letztes Jahr bin ich beim Skifahren ziemlich böse gestürzt. Anschließend konnte ich mein Bein nicht mehr richtig bewegen, es tat furchtbar weh.
Der Arzt stellte eine Meniskusreizung fest und verschrieb eine Salbe, die aber nicht half. Geholfen hat mir schließlich meine Oma: Sie rieb das Knie mit Schwedenbitter ein und machte zusätzlich Umschläge mit Beinwurz-Essenz. Nach einer Woche war die Meniskusreizung verschwunden.

Anne F. aus München
Vor ein paar Wochen habe ich mir beim Kochen drei üble Brandblasen auf der Innenhand zugezogen. Mit zwei Schwedenkräuter-Umschlägen über Nacht und Johanniskrautöl-Einreibungen am Tag sind die Brandblasen innerhalb von drei Tagen ohne Spuren abgeheilt. Nicht einmal die Haut ging ab. Meine Hände sehen aus, als sei nie etwas gewesen.

Schwedenkräuter –
Arznei oder Lebensmittel?

• •

Abschließend soll die rechtliche Seite der Schwedenkräuter ein wenig beleuchtet werden.

Die Frage, ob Schwedentropfen ein Lebens- oder Arzneimittel« sind, kann nach dem Branntweinmonopolgesetz § 84
II (2) ziemlich eindeutig beantwortet werden:
Lebensmittel im Sinne des Lebensmittel- und Bedarfsge-
genständegesetzes sind Stoffe, die dazu bestimmt sind, in un-
verändertem, zubereitetem oder verarbeitetem Zustand
von Menschen verzehrt zu werden. Ausgenommen sind
Stoffe, die überwiegend dazu bestimmt sind, zu anderem
Zweck als zur Ernährung oder zum Genuß verwendet zu
werden.
Demgegenüber sind Arzneimittel im Sinne des Arzneimit-
telgesetzes Stoffe und Zubereitungen aus Stoffen, die dazu
bestimmt sind, durch Anwendung am oder im menschli-
chen oder tierischen Körper Krankheiten, Leiden, Körper-
schäden oder krankhafte Beschwerden zu lindern, zu ver-
hüten oder zu erkennen.

Lebensmittel sind keine Arzneimittel – ein Erzeugnis kann
daher nicht gleichzeitig Arzneimittel und Lebensmittel sein.
Es kann allerdings nicht ausgeschlossen werden, daß in einigen Fällen die Übergänge fließend sind. Das bedeutet,
daß einige Lebensmittel, die eigentlich der Ernährung oder

dem Genuß dienen, gleichzeitig auch krankhafte Beschwerden lindern. Sie können zum Beispiel Appetitlosigkeit oder Schlafstörungen beheben oder die Verdauung fördern. Es kommt bei der Beurteilung solcher Erzeugnisse stets darauf an, welche dieser Zweckbestimmungen überwiegt, wobei die objektive Zweckbestimmung entscheidend ist. Maßgebend ist die überwiegende Verwendung nach der allgemeinen Verkehrsauffassung. So ist zum Beispiel der Wille des Herstellers, ein Lebensmittel im Einzelfall als Arzneimittel zu verkaufen, unbedeutend. Die überwiegende Zweckbestimmung richtet sich nach der Art und Menge der Inhaltsstoffe oder nach den äußeren Erscheinungsformen, die das Produkt in den Augen des Verbrauchers hat.

Geht man von diesen Grundsätzen aus, so gehört das alkoholische Getränk »Schwedentropfen« oder »Schwedenbitter« zu den Genußmitteln. Es ist nicht zu vergleichen mit den sogenannten Arzneimitteln wie Pepsinwein oder Kampferwein, die nach den Bestimmungen des DAB (Deutsches Arzneibuch) unter Mitverwendung von Arzneimitteln hergestellt werden. »Schwedentropfen« oder »Schwedenbitter« sind den Magenbittern zuzurechnen. Sie sind ein alkoholisches Getränk, das Zusatzstoffe enthält, die vor allem im Bereich der Verdauung wirksam sind. Die verwendeten Zusatzstoffe enthalten im hohen Maße pflanzliche Wirkstoffe auf Kräuterbasis, die dem Erzeugnis einen bitteren Geschmack verleihen. Obwohl dieser Geschmack häufig nicht als angenehm empfunden wird, entspricht er doch nach der Verkehrsauffassung den anderen bekannten Magenbittern. Er wird überwiegend nach schweren oder fetten Mahlzeiten getrunken und ist von der Wirkung anderer Spirituosen wie Obstler oder Weinbrand vergleichbar.

Auch auf die Werbung kommt es nicht entscheidend an.

Wenn der Verbraucher den »Schwedentropfen« als gesundes oder gesundheitsförderndes Getränk ansieht, so macht das den Magenbitter nicht zu einem Arzneimittel. Auch der mögliche Hinweis, daß Schwedentropfen pharmakologische Stoffe enthalten oder einer arzneilichen Dosis entsprechen, reicht wegen der Doppelfunktion alleine nicht aus, die Schwedentropfen unter den Begriff »Arzneimittel« einzuordnen.

Aus all diesen Gründen sind »Schwedentropfen« den Lebensmitteln zuzurechnen.

Nachwort

● ●

Seit Urzeiten beschäftigen sich Menschen mit Kräutern und deren Heilwirkungen auf Körper und Seele. Besonders die alten Hochkulturen Ägypten, Babylon, Indien und China wußten um die Kunst der Kräutermedizin.

Der älteste, uns erhaltene Kräuterkanon stammt aus China und ist auf das Jahr 2698 v. Chr. datiert. Er umfaßt 252 Pflanzen mit genauen Angaben über ihre Konservierung und Anwendung, viele davon werden auch heute noch verwendet.

Weit über ihre Grenzen berühmt war die im 3. Jh. v. Chr. gegründete medizinische Schule Alexandriens, an der Kräuterforschung betrieben wurde. Bis 60 n. Chr. war das Wissen dort so weit fortgeschritten, daß der griechische Arzt Dioskorides seine »Materia Medica« verfassen konnte. Es handelt sich dabei um ein Werk von rund 600 Kräutern mit genauer Beschreibung der Pflanzen sowie Angaben zu Zubereitungen und Heilwirkungen. Es wurde zum Standardwerk der nächsten 1500 Jahre und wurde von allen großen Heilkundigen, von Hildegard von Bingen bis zu Paracelsus von Hohenheim, zu Rate gezogen.

Im 19. Jahrhundert machte die medizinische Forschung wieder einen Sprung: Plötzlich war man in der Lage, Pflanzenwirkstoffe synthetisch herzustellen und Dosierungen zu konzentrieren. Nie ging der Gebrauch von heilenden Kräutern so sehr zurück wie in der Mitte des 20. Jahrhunderts.

Das hat sich in den letzten zehn bis zwanzig Jahren glücklicherweise wieder geändert. Viele Menschen haben erkannt, daß die Natur ein wichtiger Teil unseres Lebens ist und daß man Heilpflanzen aus der Natur nutzen kann: zum richtigen Zeitpunkt, in maßvoller Dosierung und entsprechender Zubereitung können sie Krankheiten lindern und nicht selten auch wirklich heilen.

»Ich habe über 80 Bauern gekannt, die die Kräuter nur wegen ihrer Form mit den Krankheiten verglichen haben, und sie haben vor meinen Augen damit wunderbar und gut geholfen.«

Philippus Aureolus Paracelsus von Hohenheim

Glossar

· ·

Absud (Abkochung):
Bei einem Absud wird das Kraut mit kaltem Wasser übergossen und langsam zum Sieden gebracht. Diesen Ansatz
läßt man eine halbe Stunde kochen und seiht dann ab. Einen Absud macht man bevorzugt aus harten Pflanzenteilen
wie Wurzeln, Rinden oder Samen, die man vorher zerdrückt
hat.

Aufguß (Tee):
Der Aufguß ist die häufigste Art der Zubereitung von Tee. Die
Pflanzen werden in einem entsprechenden Gefäß mit kochendem Wasser übergossen. Dann deckt man den Tee ab,
läßt je nach gewünschter Wirkung zwischen 5 und 15 Minuten ziehen und seiht dann ab.

Droge:
Im Text fällt häufiger das Wort »Droge«. Damit ist nichts anderes gemeint als die ursprüngliche Bezeichnung für getrocknete Heilpflanzen. Mit Suchtdrogen wie Morphium
oder Kokain hat unsere Droge daher nichts zu tun.

Extrakt (Pflanzenauszug):
Ein Extrakt ist ein eingedickter, konzentrierter Pflanzenauszug. Er kann mit wässrigen, alkoholischen oder ätherischen Lösungsmitteln hergestellt werden. Einer der ersten,

der Heilkräuter-Extrakte hergestellt hat, war übrigens Aristoteles (4. Jh. vor Chr.), der Heilpflanzen in Alkohol einlegte.

Elixier:
Der Begriff stammt aus der griechischen Alchimie und stand damals für ein mineralisches Streupulver. Im Mittelalter verstand man darunter die »feinstmögliche Substanz einer Pflanze«. Später erhielten Elixiere die Bedeutung eines lebensverlängernden Mittels. Tatsächlich handelt es sich bei Elixieren um weingeistige Tinkturen, denen man Zucker, Extrakte, Alkohol oder ätherische Öle zusetzt.

Kaltauszug (Mazeration):
Die entsprechenden Pflanzenteile werden mit einer kalten Flüssigkeit, z. B. Wasser, Alkohol oder Öl übergossen. Sie verbleiben dann meistens über Stunden, bei alkoholischen Flüssigkeiten auch einige Tage oder Wochen (z. B. Schwedenbitter) in dieser Flüssigkeit und werden anschließend abgeseiht.

Kompressen:
Will man ein Kräuterheilmittel und seine Wirkstoffe äußerlich auf die Haut auftragen, so benutzt man eine Kompresse. Grundlage einer Kompresse ist ein sauberes Baumwoll- oder Leinentuch. Bei einer heißen Kompresse taucht man das Leinen- bzw. Baumwolltuch in heißen Absud oder Aufguß und legt es so heiß wie möglich auf die betreffende Stelle (z. B. Brustkompresse bei Husten oder Bronchitis). Anschließend wird die Kompresse mit einer Plastikfolie und Tüchern abgedeckt, um die Hitze zu erhalten. Bei kalten Kompressen muß der Absud oder Aufguß abgekühlt sein, ansonsten ist die Anwendung die gleiche. Kalte Kompressen benutzt man z. B. bei Fieber.

Salben und Cremes:
Salben werden auf einer Grundlage von Fetten, Ölen, Va-
seline, Glyzerin oder Wachsen hergestellt. Salben sind Öl-
Wasser-Gemische, der Anteil von Fett ist höher als Wasser.
Demgegenüber sind Cremes Wasser-Öl-Gemische. Sie sind
von besonders weicher Konsistenz, weil sie eine größere
Menge Wasser enthalten.

Sirup:
Ein Sirup ist eine Zuckerlösung, der Pflanzenauszüge beigemischt werden. Er wird verwendet, um den unangenehmen Geschmack mancher Heilkräuter zu überdecken.
Sirupe werden deshalb besonders gerne in der Kinderheil-
kunde eingesetzt, z. B. als Hustensaft.

Tinkturen:
Getrocknete Pflanzenteile werden in einem Mörser zu Pulver zerrieben und anschließend etwa eine Woche in 70pro-
zentigem Alkohol eingeweicht. Tinkturen benutzt man, um
die Wirkstoffe von Pflanzen so schnell wie möglich in den
Körperkreislauf zu bekommen. Tinkturen werden in Trop-
fenform verabreicht.

Umschläge:
Im Unterschied zu einer Kompresse werden Umschläge
nicht mit Absud oder Aufguß, sondern mit Pflanzenteilen gemacht. Dabei werden entweder frische Pflanzenteile zer-
quetscht und in einem Gefäß über kochendem Wasser erhitzt, oder getrocknete Kräuter mit etwas kochendem
Wasser vermischt. In beiden Fällen gibt man die Heilkräu-
termasse direkt auf die Haut und bedeckt sie mit einem
Baumwoll- oder Leinentuch. Bei empfindlicher Haut empfiehlt es sich, die Kräuter zwischen zwei Tücher zu legen.

Literaturverzeichnis

• •

Apotheker M. Pahlow, Das große Buch der Heilpflanzen. Gräfe und Unzer Verlag GmbH, München, überarbeitete Neuausgabe 1998

Alice Beringer, Aloe vera – die Königin der Heilpflanzen. Heyne-TB-Verlag, München 1997

Prof. Dr. Klaus-Ulrich Brenner, Der Körper des Menschen. Weltbild-Verlag, Augsburg 1996

Ursula Braun-Bernhart, Das Buch vom Duft. Franck-Kosmos-Verlags-GmbH & Co., Stuttgart 1996

Hans-Peter Dörfler/Gerhardt Roselt, Heilpflanzen. Urania-Verlag, Leipzig-Jena-Berlin 1990

Roland W. Fink-Henseler, Naturrezepte aus der Hausapotheke. Gondrom Verlag GmbH & Co. KG, Bindlach 1995

Gesundheit – Der neue große Familien-Ratgeber. Gräfe und Unzer Verlag GmbH, München 1998

Margot Hellmiß, Natürlich Schönsein. Gräfe und Unzer Verlag GmbH, München 1993

Pia Hess-Heer/Rosmarie Krauchthaler, Schönheit durch Kräuter und Essenzen. AT-Verlag, Aarau/Schweiz 1994

Geraldine Holt, Kräuter – in Garten und Küche, für Gesundheit und Schönheit, als Duft und Dekoration. Kaleidoskop Buch im Christian-Verlag, 1997

Michael Kraus, Ätherische Öle für Körper, Geist und Seele. Verlag Simon und Wahl, Gaimersheim 1993

Kölbl's Kräuterfibel, Reprint-Verlag Konrad Kölbl KG, München 1995

Gerhard Leibold, Das moderne Handbuch der Naturheilkunde. Falken-Verlag, Niedernhausen 1988

Bernd Milenkovics, Neue Rezepte vom Wurzelsepp. Kneipp-Verlag, Loeben–Wien–Stuttgart 1995

Paracelsus sämtliche Werke Bd I.-IV. nach der 10bändigen Huserschen Gesamtausgabe (1589-1591), Verlag Gustav Fischer, Jena 1928-1930

Karl-Heinz Reger, Hildegard Medizin. Goldmann-Verlag, München 1993

Reinhard Schiller, Heilige Hildegard Pflanzenapotheke. Econ Verlag GmbH, Düsseldorf und Wien 1994

René A. Strassmann, Duftheilkunde. AT-Verlag, Aarau/Schweiz 1992

Maria Treben, Gesundheit aus der Apotheke Gottes. Ennsthaler-Verlag, A-4402 Steyr, 1996

Maria Wiesmüller, Natur-Heilschnäpse – Magenbitter und Liköre. Kompass Küchenschätze, Innsbruck-Rum 1996

Dr. Jörg Zittlau/Apotheker Michael Helfferich, Heilpflanzen unserer Heimat. Ludwig Verlag, München 1997

Hersteller- und Vertriebsverzeichnis

• •

Brigitte-Versand (Schwedenkräuter und Schwedenbitter nach Maria Treben), Johannesstraße 118, 73614 Schorndorf

Ihrlich Kräuter & Heilmittel Vertriebs GmbH (Schwedenkräuter nach der Originalrezeptur von Maria Treben), Eifelstraße 96, 52213 Stolberg

Pharma-Labor, Apotheker H. Förster GmbH (Jacobus-Schwedenkräuter), Dammstraße 7, 59821 Arnsberg

Pharmazeutische Fabrik, Infirmarius-Rovit GmbH (Schwedentrunk), 73084 Salach

Naturwaren Dr. Peter Theiss (Dr. Theiss Schweden-Bitter), Michelinstraße 10, 66424 Homburg

Darüber hinaus sind Schwedenkräuter natürlich in allen Apotheken erhältlich bzw. können hier bestellt und zusammengemischt werden.

Dana Ullman

Homöopathie für Kinder

Erkrankungen bei Kindern
naturgemäß behandeln

336 Seiten

TB 20610-9

Dieses unentbehrliche
Handbuch informiert über
alles, was Eltern wissen
müssen, um die Erkrankungen ihrer Kinder wirksam,
schonend und ohne Nebenwirkungen zu behandeln.
Es bietet eine Einführung
in die Grundlagen der
Homöopathie, eine Anleitung zum richtigen Gebrauch der verschiedenen
Präparate, eine Liste von
homöopathischen Mitteln
für alle Arten von körperlichen und emotionalen
Störungen sowie Empfehlungen für die homöopathische Hausapotheke.